67 H FER CYMRAEG

67 FAVOURITE WELSH VERBS

STEPHEN OWEN RULE

CYFLWYNIAD | *Introduction*

It can be easily argued that verbs are one of the most important building blocks of any language, but, when dealing with a VSO (verb-subject-object) language such as Welsh, the importance of fully grasping how verbs act in sentence structures cannot be understated.

This book includes 67 of Doctor Cymraeg's personal favourite verbs that he wishes he'd spent more time studying when he was learning the language.

Included are English equivalents for every term, information on how modern Welsh deals with each, sample sentences and questions to show how they act in real-life structures, and full literary verb tables for those wishing to get to grips with the 'higher' registers of the language.

Unfortunately, there's not too much out there in the way of teaching about the wonders of Welsh verbs through the medium of English. This book attempts to change that.
With nouns and adjectives so rarely modified in Welsh – except for the odd mutation here and there – and found so readily in Welsh-

English dictionaries, the fluid nature (and importance) of verbs means that dictionaries and lexicons often fail to arm the learner with the required knowledge of how to create even the 'simplest' of structures in the language.

IMPORTANT NOTE: Technically, the terms discussed herein are verb-nouns or infinitives. A term is deemed to be a verb in Welsh when an ending (i.e., a person and tense) is added; e.g., **BWYTA** = *to eat* (verb-noun/infinitive) vs **BWYTOCH (CHI)** = *you ate* (verb). However, I'm just going to call the terms 'verbs' in this book from now on... mostly, anyway!

As prepositions don't always marry up with how verbs might use them in English, I've included a section at the end of the book describing which prepositions fit with each of the verbs included in this book.

Finally, never underestimate the wonders of books like '*Y Llyfr Berfau*' by D. Geraint Lewis. Although most of the ideas in this book are my own, Lewis' book has been instrumental in my studies of the language over the years, especially in deciphering which prepositions follow the various verbs in Welsh.

RHESTR BERFAU YN Y LLYFR | *List of verbs in the book*

1. Cael	23. Caru	45. Gyrru
2. Bod	24. Gwybod	46. Cysgu
3. Gwneud	/ 'Nabod	47. Bwyta
4. Mynd	25. Defnyddio	48. Yfed
5. Darfod	26. Aros	49. Nôl
6. Gallu	27. Stopio	50. Eistedd
/ Medru	28. Gweithio	51. Sefyll
7. Peidio	29. Deall	52. Ennill
8. Dod	30. Methu	53. Colli
9. Dysgu	31. Gweld	54. Dechrau
10. Trio	32. Gwylio	55. Gorffen
11. Ymarfer	33. Edrych	56. Agor
12. Darllen	34. Mwynhau	57. Cau
13. Sgwennu	35. Casáu	58. Ateb
14. Siarad	36. Helpu	59. Cadw
15. Dweud	37. Ffeindio	60. Anfon
16. Gofyn	38. Gwrando	61. Cyrraedd
17. Eisiau	39. Clywed	62. Troi
18. Angen	40. Cerdded	63. Dewis
19. Gorfod	41. Rhedeg	64. Teimlo
20. Meddwl	42. Chwarae	65. Chwilio
21. Cofio	43. Tynnu	66. Torri
22. Hoffi	44. Creu	67. Cachu

Saesneg | English	Cymraeg	Tudalen | Page	Saesneg | English	Cymraeg	Tudalen | Page
able to	gallu / medru	21	make	(gw)neud	9
answer	ateb	229	mean	meddwl	77
apply [for]	ceisio [am]	37	miss	methu / colli	117 / 209
arrive	cyrraedd	241	must	gorfod	73
ask [for]	gofyn [am]	61	need (to)	angen	69
be (a)	bod [yn]	5	open	agor	221
begin	cychwyn	213	play	chwarae	165
become (a)	dod yn	29	practise	ymarfer	41
break	torri	261	pull / remove	tynnu	169
can	gallu / medru	21	put away	cadw	233
cannot	methu	117	reach	cyrraedd	241
cease	darfod / peidio	17 / 25	read	darllen	45
choose	dewis	249	refrain [from]	peidio [â]	25
close	cau	225	remember	cofio	81
come	dod / dŵad	29	rip	torri	261
create	creu	173	run	rhedeg	161
cut	torri	261	say	d(w)eud / gweud	57
do	(gw)neud	9	search [for]	chwilio [am]	257
drink	yfed	189	see	gweld	121
drive	gyrru / dreifio	177	send	(d)anfon	237
earn	ennill	205	sh*t	cachu	265
eat	bwyta	185	sit	eistedd	197
enjoy	mwynhau / joio	133	sleep	cysgu	181
exercise	ymarfer	41	speak	siarad	53
fail	methu	117	stand	sefyll	201
feel	teimlo	253	start	dechrau	213
fetch	nôl	193	stay	aros	101
find	ffeindio / dod o hyd	145	stop	stopio	105
finish	gorffen	217	take [i.e., go with]	mynd â	13
get	cael	1	talk [about]	siarad [am]	53
go	mynd	13	teach	dysgu / addysgu	33
hate	casáu	137	tell	d(w)eud / gweud	57
have	cael	1	think	meddwl	77
have to	gorfod	73	try	trïo / ceisio	37
hear	clywed	153	turn	troi	245
help	helpu	141	twist	troi	245
keep	cadw	233	understand	deall / dallt	113
know [something]	gwybod	93	use	defnyddio / iwsio	97
know [someone]	[ad]nabod	93	wait	aros / witsiad	101
learn	dysgu	33	walk	cerdded	157
like	hoffi / licio	85	want (to)	eisiau	65
listen [to]	gwrando [ar]	149	watch	gwylio / watsio	125
look [at]	edrych [ar]	129	win	ennill	205
lose	colli	209	work	gweithio	109
love	caru / lyfio	89	write	ysgrifennu / sgwennu	49

VERB

- *English equivalent 1*
- *English equivalent 2*
- *etc*

These pages do exactly what they say on the tin; they simply display the term to be explained over the next few pages.

Readers should note it's highly likely that other translations exist, but only the most common – as well as those I deem most 'useful' – are included.

GWYBODAETH |
Information

Essentially, this page will provide an explanation of why I reckon the verb is so cool.

It will also include notes on some interesting regional variations, pronunciation nuances, how the verbs can morph into adjectives, nouns, and other words, as well as ways learners can sometimes misuse or misunderstand the verb (plus some tips and tricks on how to guard against it).

TREFN Y PENODAU | *Chapter layout*

BRAWDDEGAU ENGHREIFFTIOL
Sample Sentences

I've tried my best to include a range of sentence structures so that different tenses, moods, and persons are included. An effort has been made also to include negative sentences to show how verbs adapt in these situations. Some sentences are nothing short of random ideas that came to my mind at the time of their writing. Others are phrases I've found myself using on a regular basis. Finally, I've made a conscious effort to include sentences expressed in a range of dialects and registers with the hope that the reader will appreciate the terms' usage in a number of situations.

CWESTIYNAU ENGHREIFFTIOL
Sample Questions

As with the Sample Sentences sections, I've attempted to cover a range of dialects and registers here too. Why not try to answer each question as you read through them for more ways to practise?

TREFN Y PENODAU | *Chapter layout*

Verb Tables: VERB

	Present / Future		Conditional
1st			
2nd			
3rd			
1ˢ			
2ⁿ			
3ⁿ			
Imₚ			

Whereas I've chosen to provide the more literary/higher register terms in this section, please note that some terms have several appropriate equivalents.

Readers must also be aware that some forms cannot be conjugated for a number of reasons, including that they are only naturally conjugated in colloquial usage, and/or the term in question cannot exist in all tenses included. I have noted these on the relevant pages. Finally, please be aware that I have done my best to provide the more common conjugations for each term; this can sometimes mean a mixture of colloquial and literary language.

If you're interested in finding a fuller list of conjugations, 'Wiktionary' is great for finding them all in one place. I initially included all possible conjugations for each verb included in this book, but found it took up too much room and involved far too many terms that are simply not seen/heard in spoken language.

1st person singular present/future – statement	Whilst compiling the above table, I realised that collecting conjugations in such a manner didn't show how each behaved naturally; be that within negative sentences, questions, following mutations, etc. It's for these reasons I decided upon the inclusion of this additional box. These, hopefully, show how verbs act depending on person, tense, and 'styling' of each phrase.
3rd person singular (feminine) conditional/past habitual – negative	
2nd person plural simple past – question form	

CAEL

- *to get (a/to)*
- *to have (a)*
- *to be allowed (to)*

GWYBODAETH | *Information*

For me, there's no better verb with which to begin. Not only is it such a versatile word, but its conjugations and uses are some of the most common and practical in speech.

These days, people pronounce **CAEL** without the '**e**' – creating a sound akin to how someone from north England might pronounce the name '*Karl*'.

Think of **CAEL** as '*getting (to)*' (rather than '*having*') and you won't go too far wrong. The biggest hiccup learners make with **CAEL** is that they believe it shows possession. **DW I'N CAEL CATH** means '*I'm getting a cat*', rather than '*I've got a cat.*' We use **MAE GEN I** or **MAE 'DA FI** to show possession.

CAEL is also used to form the passive mood in Welsh. If, in English, something is '*being done*,' remember that you can also express it as it '*getting done.*'

- *The man is being seen* > *The man is getting seen* > *The man is getting his seeing* > **Mae'r dyn yn cael ei weld**
- *I'm being heard* > *I'm getting heard* > *I'm getting my hearing* > **Dw i'n cael fy nghlywed**

It's likely you've seen this construction in the past tense. Compare the following:

- **Mae Owen yn cael ei eni** = *Owen is getting his birth(ing)* > *Owen is being born*
- **Cafodd Owen ei eni** = *Owen got his birth(ing)* > *Owen was born*

2

BRAWDDEGAU ENGHREIFFTIOL
Sample Sentences

- **Dw i wedi <u>cael</u> brecwast**
  = *I've <u>had</u> breakfast*
- **Dydyn nhw ddim yn <u>cael</u>**
  = *They're not <u>allowed</u>*
- **<u>Chei di ddim</u> 'neud hwnna**
  = *<u>You may not</u> do that*
- **<u>Gawn</u> ni weld nes ymlaen**
  = *<u>Let's</u> see later on*
- **<u>C</u>es i fy ngeni yn Wrecsam**
  = *I was born in Wrecsam*

CWESTIYNAU ENGHREIFFTIOL
Sample Questions

- **Ydy hi'n <u>cael</u> mynd?**
  = *Is she <u>allowed</u> to go?*
- **Pwy sy'n <u>cael</u> sglodion?**
  = *Who's <u>having</u> chips?*
- **<u>Gawn</u> ni fynd mewn munud?**
  = *<u>May</u> we go in a minute?*

VERB TABLES: CAEL

	Present / Future	Simple past	Conditional / Past habitual
1st sing.	Ca(f) i *I('ll) get*	Ce(fai)s i *I got*	Cawn i *I'd get*
2nd sing.	Cei di *You('ll) get*	Ce(fai)st ti *You got*	Caet ti *You'd get*
3rd sing.	Ceith ___ *___ ('ll) get(s)*	Cafodd ___ *___ got*	Câi ___ *___ 'd get*
1st plu.	Cawn ni *We('ll) get*	Cawson ni *We got*	Caem ni *We'd get*
2nd plu.	Cewch chi *You('ll) get*	Cawsoch chi *You got*	Caech chi *You'd get*
3rd plu.	Cân' nhw *They('ll) get*	Cawson nhw *They got*	Caen nhw *They'd get*
Impersonal	Ceir *One('ll) get(s)*	Cafwyd *One got*	Ceid *One used to get*
Imperative	Inf. / Sing. **Cei**		Form. / Plu. **Cewch**

Caf i	*I('ll) get (a/to)*
	I('ll) have (a)
	I am/will be allowed to
Châi hi ddim	*She wouldn't get (a/to)*
	She wouldn't have (a)
Gawsoch chi?	*Did you get (a/to)?*
	Did you have (a)?
	Were you allowed to?

BOD

- *to be*

GWYBODAETH | *Information*

Although this is pronounced like the English word 'bored,' there's absolutely nothing 'boring' about this belter!

Without perhaps being even aware of it, we use **BOD** (or at least derivations of it) loads in Welsh. Just like the verb *'to be'* in English can manifest itself in many guises (i.e., *am*, *are*, *is*, *was*, *will*, etc), so too do Welsh forms seem pretty bonkers at times; **MAE**, **YDY**, **ROEDD**, **BYDD**, **BYDDAI**... the list can be a huge minefield of confusion.

Having said that, **BOD** is a frequent component of many sentences and questions in its own right.
In addition, **YN** will need to follow **BOD** before adding a noun (to say what someone/something is; **dw i isio bod yn feddyg** = *I want to be a doctor*) and an adjective (to describe someone/something; **paid â bod yn dwpsyn** = *don't be an idiot*).
Then we see it as the relative pronoun *'that (___ is/was)'* via examples such as **dw i'n gobeithio bod pawb yn hapus** = *I'm hoping that everyone is/was happy*. Look out for 'personalised' versions of this, such as **fy mod i** (= *that I am/was*), **eu bod nhw** (= *that they are/were*), etc.

Finally, **BOD** is also really common when asking *'what's the matter?'* with someone. I've included an example of this in the sample questions overleaf.

6

BRAWDDEGAU ENGHREIFFTIOL
Sample Sentences

- **Dw i isio <u>bod</u> yn feddyg**
  = *I want <u>to be</u> a doctor*
- **Ro'n i'n hoffi <u>bod</u> efo ti**
  = *I liked <u>being</u> with you*
- **<u>Bydd</u>wn ni'n mynd yn y man**
  = *We'll <u>be</u> going in a while*
- **Rhaid <u>bod</u> nhw'n gw'bod**
  = *They must <u>(be)</u> know(ing)*
- **Dyna pam dw i'n trïo <u>bod</u> yn iach**
  = *That's why I'm trying <u>to be</u> healthy*

CWESTIYNAU ENGHREIFFTIOL
Sample Questions

- **Pam <u>bod</u> pawb yn siarad?**
  = *Why <u>is</u> everyone talking?*
- **T'isio <u>bod</u> yn y tŷ trwy'r dydd?**
  = *Do you want <u>to be</u> in the house all day?*
- **Be' sy'n <u>bod</u> efo ti?**
  = *What's the <u>matter</u> with you?*

VERB TABLES: BOD

	Present	Past	Conditional / Imperfect
1st sing.	(Ry)dw i *I am*	Bûm/Bues i *I'd been*	Roeddwn i *I was*
2nd sing.	Rwyt ti *You are*	Buost ti *You'd been*	Roeddet ti *You were*
3rd sing.	Mae ___ *___ is/are*	Bu ___ *___ 'd been*	Roedd ___ *___ was/were*
1st plu.	Rydyn ni *We are*	Buon ni *We'd been*	Roedden ni *We were*
2nd plu.	Rydych chi *You are*	Buoch chi *You'd been*	Roeddech chi *You were*
3rd plu.	Maen' nhw *They are*	Buon/Buan nhw *They'd been*	Roedden' nhw *They were*
Impersonal	(Yd)ys *One is*	Buwyd *One had been*	Roeddid *One was*
Imperative	Inf. / Sing. **Bydd (yn)**		Form. / Plu. **Byddwch (yn)**

Byddaf i	*I will be*
	I shall be
Fyddai hi ddim	*She wouldn't be*
	She didn't used to be
Oeddech chi? / Fuoch chi?	*Did you used to?*
	Were you?

GWNEUD

- *to do*
- *to make*

GWYBODAETH | *Information*

Such is the awesomeness of this word I had toyed heavily with putting it at the top of my list of favourite verbs. Often shortened in speech (and, to a lesser extent, in writing) to **'NEUD**, the wonders if this little belter don't just stop at the fact that it covers two super-useful verbs in '*to do*' and '*to make*'.

GWNEUD, and more specifically its conjugations (see VERB TABLES section), is employed heavily as an auxiliary verb; helping us create sentences with ease in most tenses.

For example, *I ate* in literary Welsh is formed by adding the past tense first person ending to **BWYTA** to yield **BWYTAIS I**. Using **GWNEUD** as an auxiliary, however, gives **GWNES I** (= *I did*) **FWYTA**. The reason speakers (especially in north Wales) tend to punt for this form is that it removes the need to remember multiple conjugations and often-annoying verbal stems – all you have to do is remember to follow it with a soft mutation where applicable.

BRAWDDEGAU ENGHREIFFTIOL
Sample Sentences

- **Mae hi (wrthi)'n 'neud cacen**
  = *She's (currently) <u>making</u> a cake*
- **Gwna dy waith cartref rŵan**
  = *<u>Do</u> your homework now*
- **Ro'n i'n 'neud yr adroddiad neithiwr**
  = *I was <u>doing</u> the report last night*
- **Wneith pawb helpu ti**
  = *Everyone will help you*
- **Dylset ti 'di 'neud o erbyn hyn**
  = *You should've <u>done/made</u> it by now*

CWESTIYNAU ENGHREIFFTIOL
Sample Questions

- **Be' (wyt) ti'n 'neud yna?**
  = *What are you <u>doing/making</u> there?*
- **Sut wnest ti hwnna?**
  = *How did you <u>do/make</u> that?*
- **Wnawn ni weld nhw heddiw?**
  = *Will we see them today?*

VERB TABLES: GWNEUD

	Present / Future	Simple past	Conditional / Past habitual
1st sing.	**Gwna(f) i** *I('ll) do/make*	**Gwnes i** *I did/made*	**Gwnawn i** *I'd do/make*
2nd sing.	**Gwnei di** *You('ll) do/make*	**Gwnest ti** *You did/made*	**Gwnait ti** *You'd do/make*
3rd sing.	**Gwna ___** *___ ('ll) do(es)/make(s)*	**Gwnaeth ___** *___ did/made*	**Gwnâi ___** *___ 'd do/make*
1st plu.	**Gwnawn ni** *We('ll) do/make*	**Gwnaethon ni** *We did/made*	**Gwnaem ni** *We'd do/make*
2nd plu.	**Gwnewch chi** *You('ll) do/make*	**Gwnaethoch chi** *You did/made*	**Gwnaech chi** *You'd do/make*
3rd plu.	**Gwnân nhw** *They('ll) do/make*	**Gwnaethon nhw** *They did/made*	**Gwnaent nhw** *They'd do/make*
Impers.	**Gwneir** *One does/make*	**Gwnaethpwyd** *One did/made*	**Gwneid** *One'd do/make*

Imperative	Inf. / Sing. **Gwna**	Form. / Plu. **Gwnewch**

Gwnaf i	*I do / make*
	I will do / make
Wnâi hi ddim	*She wouldn't do / make*
	She didn't used to do / make
Wnaethoch chi?	*Did you do / make?*

MYND

- *to go*

GWYBODAETH | *Information*

If you've spent any more than even just an hour learning Welsh, I can bet this word is already in vocabulary. **MYND** is great for a whole host of situations like saying where you're going, who's going, what's going to happen, etc, etc, etc…

Although there are few ways of expressing the future tense effectively in Welsh (largely focussing on **BOD** and **GWNEUD**), we can get by doing it using **MYND I** (*going to*). So long as you remember to perform a soft mutation straight after where applicable, you're away; e.g., **maen nhw'n mynd i ennill heddiw** = *they're going to win today*.

When we add **Â** (or **AG** before a vowel) – which itself is now bordering on archaic as a means of expressing '*with*' – we form the term '*to take*.' Literally, we're saying '*to go with [something]*'. **Ro'n i'n mynd â'r pethau yn ôl i'r siop** = *I was taking (lit.* going with*) the things to the shop.*

Finally, **MYND (YN)** can also express '*to get*' in certain circumstances. When we want to say that something is, for example, '*getting cold*' or '*getting boring*,' we might say **mynd yn oer** (lit. *going cold*) or **mynd yn ddiflas** (lit. *getting boring*) respectively.

BRAWDDEGAU ENGHREIFFTIOL
Sample Sentences

- Mae Owen ar fin <u>mynd</u> i'r theatr
  = Owen's about to <u>go</u> to the theatre
- Wnaeth neb weld y bobl oedd yn <u>mynd</u>
  = No one saw the people who were <u>going</u>
- <u>A</u>wn ni am dro yn y parc
  = Let's <u>go</u> for a stroll in the park
- Fydd Megan ddim yn <u>mynd</u> ar ôl clywed 'na
  = Megan won't be <u>going</u> after hearing that
- Dw i'm yn credu basai hi'n <u>mynd</u> efo ti
  = I don't believe (that) she'd <u>go</u> <u>with</u> you

CWESTIYNAU ENGHREIFFTIOL
Sample Questions

- Be' (wyt) ti'n <u>mynd</u> i weld yna?
  = What are you <u>going</u> to see there?
- Pryd <u>aeth</u> hi o 'ma?
  = When did she <u>go</u> from here/away?
- <u>Ei</u> di siopa ar ôl i ti orffen hwnna?
  = Will you <u>go</u> shopping after you finish that?

VERB TABLES: MYND

	Present / Future	Simple past	Conditional / Past habitual
1st sing.	A(f) i *I('ll) go*	Es i *I went*	Awn i *I'd go*
2nd sing.	Ei di *You('ll) go*	Est ti *You went*	Aet ti *You'd go*
3rd sing.	Â / Eith ___ ___('ll) go(es)	Aeth ___ ___ went	Âi ___ ___'d go
1st plu.	Awn ni *We('ll) go*	Aethon ni *We went*	Aem/Aen ni *We'd go*
2nd plu.	Ewch chi *You('ll) go*	Aethoch chi *You went*	Aech chi *You'd go*
3rd plu.	Ân' nhw *They('ll) go*	Aethon nhw *They went*	Aen nhw *They'd go*
Impersonal	Eir *One('ll) go(es)*	Aethpwyd *One went*	Eid *One'd go*

Imperative	Inf. / Sing. **Cer/Dos**	Form. / Plu. **Ewch**

Af i	*I go*
	I'll go
Âi hi ddim	*She wouldn't go*
	She didn't used to go
Aethoch chi?	*Did you go?*

DARFOD

- *to cease*
- *to decay*
- *to expire*
- *to happen**

GWYBODAETH | *Information*

Ok, so on the face of it you might be confused as to why I've even included this rather niche verb – especially so soon in the book too. To be honest, it's not even a word one will hear or see too much in modern Welsh. But hold on to your hats!

The third person singular past tense term for **DARFOD** is **DARFU / DDARFU**. Because Welsh likes to often rid itself of random **F**s when it feels like (**ARAF** > **ARA'** (*slow*), **BYDDAF** > **BYDDA'** (*I will be*), et al), we're left with **DDARU**... and it's **DDARU** that we're looking for.

When a personal pronoun (**fi**, **di**, **o/e**, **hi**, ((pro)noun), **ni**, **chi**, **nhw**) is added, we can form the simple (periphrastic) past tense with incredible ease. **DDARU FI FYND** might translate literally as '*it ceased (on) me to go*', but it's a common northern way of expressing '*I went*'. And then '*you went*' is **DDARU DI FYND**; '*she went*' is **DDARU HI FYND** etc. We form questions by simply adding a question mark too; **DDARU O SIARAD?** = *Did he speak?* Finally, negatives are just as easy; **DDARU NHW DDIM GADAEL** means '*they didn't leave*'. See additional tables overleaf for more information.

Whereas using **GWNEUD** as an auxilary verb can refer to both '*to do*' and '*to make*,' this is not the case with **DDARU**; e.g., gwnes i hwnna (= *I did/made that*) vs **ddaru fi wneud hwnna**. Notice, too, how the first person singular uses **FI** or **MI** instead of the usual **I**. This is because the archaic literary construction was formed as **ddaru i mi/fi** (literally, *it happened to/for me*).

BRAWDDEGAU ENGHREIFFTIOL
Sample Sentences

- **<u>Ddaru</u> fi weld hwnna ddoe**
  = *I saw that yesterday*
- **<u>Ddaru'r</u> bobl joio'r sioe**
  = *The people enjoy<u>ed</u> the show*
- **<u>Ddaru</u> ni ddim ennill**
  = *We <u>didn't</u> win*
- **Dw i methu cofio be' <u>ddaru</u> ddigwydd**
  = *I can't remember what happen<u>ed</u>*
- **<u>Ddaru</u> o weld pwy <u>ddaru</u> fynd**
  = *He saw who went*

CWESTIYNAU ENGHREIFFTIOL
Sample Questions

- **Lle <u>ddaru</u> chi fynd neithiwr?**
  = *Where <u>did</u> you go last night?*
- **Pwy <u>ddaru</u> dd'eud hwnna?**
  = *Who said that?*
- **<u>Ddaru</u> di glywed am y siop?**
  = *<u>Did</u> you hear about the shop?*

VERB TABLES: DARFOD

Ddaru fi/mi	*I [did something]*
Ddaru ti/di	*You [did something]*
Ddaru ___	*___ [did something]*
Ddaru ni	*We [did something]*
Ddaru chi	*You [did something]*
Ddaru nhw	*They [did something]*

Ddaru fi/mi ddim	*I didn't [do something]*
Ddaru ti/di ddim	*You didn't [do something]*
Ddaru ___ ddim	*___ didn't [do something]*
Ddaru ni ddim	*We didn't [do something]*
Ddaru chi ddim	*You didn't [do something]*
Ddaru nhw ddim	*They didn't [do something]*

Ddaru fi/mi?	*Did I [do something]?*
Ddaru ti/di?	*Did you [do something]?*
Ddaru ___?	*Did ___ [do something]?*
Ddaru ni?	*Did we [do something]?*
Ddaru chi?	*Did they [do something]?*
Ddaru nhw?	*Did you [do something]?*

GALLU
MEDRU

- *to be able (to)*
- *can*

GWYBODAETH | *Information*

Although these days **GALLU** tends to be used in south Wales' dialects and **MEDRU** in northern ones, there's actually a difference between them in standard Welsh. **GALLU** describes a simple ability to complete an action, whereas **MEDRU** was originally reserved for possessing a knowledge that enables one to complete an action. It's for this reason that some native speakers still prefer to ask "**wyt ti'n medru siarad Cymraeg?**" rather than "**wyt ti'n gallu siarad Cymraeg?**" (= *do you speak Welsh?*) regardless of their local dialect and/or location in Wales. You may even see the above phrase without the **siarad** too; **wyt ti'n medru'r Gymraeg?**

MEDRU can often be heard without an **YN** before it, but this is largely a colloquial choice.

Ready for some non-verb forms? **MEDRUS** (= *skilled, accomplished*), **MEDRUSRWYDD** (= *expertise*), **ANALLU** (= *inability, impotence*), **GALLUOG** (= *capable, brainy*).

Admittedly it's only from my mother-in-law I've heard this but keep your ears open for **GEDRU** (pronounced *GED-ree*) which, aside from looking like a beautiful mid-point between **GALLU** and **MEDRU**, is certainly still about in the north-west.

BRAWDDEGAU ENGHREIFFTIOL
Sample Sentences

- **<u>Gall</u>ai unrhyw un fod yn rhan ohono**
  = *Anyone <u>can</u> be a part of it*
- **Nid da lle <u>gell</u>ir gwell**
  = *(Prov.) One mustn't rest on one's laurels*
- **Doedd neb yn <u>gallu</u> ennill y loteri**
  = *No one was <u>able to</u> win the lottery*
- **<u>All</u> pobl ddim aros yn y siop 'ma**
  = *People <u>can</u>'t wait/stay in this shop*
- **Os (wyt) ti'n <u>gallu</u> dod, gwych!**
  = *If you're <u>able</u> to come, great!*

CWESTIYNAU ENGHREIFFTIOL
Sample Questions

- **Oeddet ti'n <u>gallu</u> ffeindio'r amser?**
  = *Were you <u>able to</u> find the time?*
- **<u>All</u>wch chi roi bwyd i'r gath?**
  = *Are you <u>able to</u> give some food to the cat?*
- **'Set ti'n <u>gallu</u> helpu ni?**
  = *Would you be <u>able to</u> help us?*

VERB TABLES: GALLU

	Present / Future	Simple past (*sort of!*)	Conditional / Past habitual
1st sing.	Galla(f) i *I can*	Gellais i *I was able to*	Gallwn i *I could*
2nd sing.	Gelli di *You can*	Gellaist ti *You were able to*	Gallet ti *You could*
3rd sing.	Gall(ith) ___ *___ can*	Gallodd ___ *___ was able to*	Gallai ___ *___ could*
1st plu.	Gallwn ni *We can*	Gallon ni *We were able to*	Gallen ni *We could*
2nd plu.	Gallwch chi *You can*	Galloch chi *You were able to*	Gallech chi *You could*
3rd plu.	Gallan' nhw *They can*	Gallon nhw *They were able to*	Gallen nhw *They could*
Impers.	Gellir *One can*	Gallwyd *One was able to*	Gellid *One could*

Imperative	Inf. / Sing. **Gelli**	Form. / Plu. **Gallwch**

Gallaf i	*I can / am able (to)*
	I'll be able (to)
Allai hi ddim	*She couldn't*
	She didn't used to be able (to)
Alloch chi?	*Were you able to?*

PEIDIO

- *to cease*
- *to refrain (from)*
- *to forbear*

GWYBODAETH | *Information*

I was initially reluctant to include this one, but it crops up so much that I felt compelled to chuck it in.

Although often dropped in speech, **PEIDIO** tends to be followed by **Â** (or **AG** before a vowel) – especially when used as a command / imperative. Users must note that an aspirate mutation follows **Â**; e.g. **Paid â cholli dy arian** = *Don't lose your money.*

PEIDIO can double as *'not'* in certain circumstances as a means of negating sentences; e.g., **well i mi beidio (â) siarad** = *I'd better not speak.* In many cases in the spoken language, speakers will get away with using **DDIM** in its place, so don't worry too much.

Sadly, the English term *'to forbear'* (as in *'to abstain/refrain [from]*,' etc) isn't as common today as it definitely should be. As such, I'm using it for the English translations in the Verb Tables section overleaf. Readers should be aware, however, that it's for the explanations and uses of **PEIDIO** as described above that I've chosen this verb, rather for its literary prowess.

BRAWDDEGAU ENGHREIFFTIOL
Sample Sentences

- **<u>Peidiwch</u> (â) siarad efo'r dynion 'na**
  = *<u>Don't</u> talk to those men*
- **<u>Paid</u> gweud fod e ffili aros**
  = *<u>Don't</u> say that he can't wait*
- **Well i mi <u>beidio</u> talu am y bwyd**
  = *I'd better <u>not</u> pay for the food*
- **<u>Paid</u> (di) (â) meiddio 'neud hwnna iddi<u>!</u>**
  = *<u>Don't</u> (you) dare do that to it/her!*
- **Rhaid iddyn nhw <u>beidio</u> 'neud hwnna**
  = *They must<u>n't</u> do that*

CWESTIYNAU ENGHREIFFTIOL
Sample Questions

- **Fyddai'n well i fi <u>beidio</u> â mynd, felly?**
  = *Would it be best were I <u>not</u> to go, then?*
- **Oes rhaid i mi <u>beidio</u> â chysgu 'nawr?**
  = *Must I <u>refrain</u> from sleeping now?*
- **Wnewch chi <u>beidio</u> â siarad 'nawr?**
  = *Will you <u>not/stop</u> talking now?*

VERB TABLES: PEIDIO

	Present / Future	Simple past	Conditional / Past habitual
1st sing.	Peidia(f) i *I('ll) forbear*	Peidiais i *I forbore*	Peidiwn i *I'd forbear*
2nd sing.	Peidi di *You('ll) forbear*	Peidiaist ti *You forbore*	Peidiet ti *You'd forbear*
3rd sing.	Peidith ___ *___('ll) forbear(s)*	Peidiodd ___ *___ forbore*	Peidiai ___ *___'d forbear*
1st plu.	Peidiwn ni *We('ll) forbear*	Peidion ni *We forbore*	Peidien ni *We'd forbear*
2nd plu.	Peidiwch chi *You('ll) forbear*	Peidioch chi *You forbore*	Peidiech chi *You'd forbear*
3rd plu.	Peidian' nhw *They('ll) forbear*	Peidion nhw *They forbore*	Peidien nhw *They'd forbear*
Impers.	Peidir *One('ll) forbear(s)*	Peidiwyd *One forbore*	Peidid *One'd forbear*

Imperative	Inf. / Sing. **Paid (â/ag)**	Form. / Plu. **Peidwch (â/ag)**

Peidiaf i	*I forbear*
	I'll forbear
Pheidiai hi ddim	*She wouldn't forbear*
	She didn't used to forbear
Beidioch chi?	*Did you forbear?*

DOD

- *to come*
- *to find**
- *to bring**

GWYBODAETH | *Information*

If you've ever been to a Welsh lesson as an adult, it's likely that **DOD** was a huge part of lesson one - what better way to introduce yourself to a bunch of like-minded, Welsh-learning strangers than to say where you *come* from, of course?

Just like we saw with the previous verb, **DOD** can link up with **Â** just like **MYND** can. Whereas **MYND Â** (*to go with*) expresses '*to take*', **DOD Â** (*to come with*) is how we say '*to bring*'.
DOD YN is a cool one because it's how we say '*to become*,' e.g., **Ro'n i isio dod yn beilot** = *I wanted to become a pilot.*
DOD O HYD I, meaning '*to find*', can, at first, be a little confusing. This is until we consider the English phrase '*to come across*' as another term to express '*finding*' something. All starting to *come* together now, right?

In northern dialects – especially in the northwest – **DŴAD** is regularly heard. Both **DOD** and **DŴAD** derive from **DYFOD**, which is still used in terms like **DYFODOL** (*future* – or *the time that is **coming***). Cool, huh?

BRAWDDEGAU ENGHREIFFTIOL
Sample Sentences

- Dw i 'di <u>dôd â</u> bwyd hefyd
  = I've <u>brought</u> food too
- Fydd neb yn <u>dod</u>
  = No one will be <u>coming</u>
- Mae'n <u>dod</u> rŵan
  = It's <u>coming</u> now
- <u>Daeth</u> y tîm <u>o hyd i</u> drysor
  = The team <u>found</u> (/ <u>came</u> across) treasure
- Clywes i bod nhw'n <u>dod</u> o Loegr
  = I heard that they <u>come</u> from England

CWESTIYNAU ENGHREIFFTIOL
Sample Questions

- (Wyt) ti isio <u>dod</u> am beint efo ni?
  = Do you want to <u>come</u> for a pint with us?
- Oeddet ti'n medru <u>dod o hyd</u> iddo?
  = Were you able to <u>find</u> it/him?
- (Wyt) ti'n gw'bod pwy sy'n <u>dŵad</u> heno?
  = Do you know who's <u>coming</u> tonight?

VERB TABLES: DOD

	Present / Future	Simple past	Conditional / Past habitual
1st sing.	**Do(f) i** *I('ll) come*	**Des i** *I came*	**Down i** *I'd come*
2nd sing.	**Doi di** *You('ll) come*	**Dest ti** *You came*	**Doit ti** *You'd come*
3rd sing.	**Daw/Deuth ___** *___ ('ll) come(s)*	**Daeth ___** *___ came*	**Dôi ___** *___ 'd come*
1st plu.	**Deuwn/Down ni** *We('ll) come*	**Daethon ni** *We came*	**Doen ni** *We'd come*
2nd plu.	**Dewch chi** *You('ll) come*	**Daethoch chi** *You came*	**Doech chi** *You'd come*
3rd plu.	**Down' nhw** *They('ll) come*	**Daethon nhw** *They came*	**Doen' nhw** *They'd come*
Impers.	**Deuir** *One comes*	**Daethpwyd** *One came*	**Deuid** *One'd come*

Imperative	Inf. / Sing. **Tyrd / Dere**	Form. / Plu. **Dewch**

Dof i	*I come*
	I'll come
Ddôi hi ddim	*She wouldn't come*
	She didn't used to come
Ddaethoch chi?	*Did you come?*

DYSGU

- *to learn*
- *to teach**

GWYBODAETH | *Information*

Yet another staple in the minds of those taking up the mantle of acquiring our fine language.

If you're learning Welsh, chances are you've come across this word already. Not to be confused with **CYSGU** (*to sleep*), of course... I used to get shouted at for attempting to mix **CYSGU** and **DYSGU** in school!

As with most verbs in Welsh, we can add '**-WR**' (masc.), '**-WRAIG**' (fem.), and '**-WYR**' (plu.) to form **DYSGWR** (*a male learner*), **DYSGWRAIG** (*a female learner*) and **DYSGWYR** (*learners*).

DYSG is a rather posh term, but it equates to the English adjective '*learned*.' Drive towards Bangor in the north-west and the sign reads '**Bangor: Dinas Dysg**' – *Bangor: Learned City/City of Learning*. Another cool phrase including **DYSG** is also linked to Bangor; this time the university, **Gorau Arf Arf Dysg** (*[The] Best Weapon [is the] Weapon [of] Learning*).

Although **DYSGU** is used to express '*to teach*' as well as '*to learn*' these days, the proper term for 'to teach' is **ADDYSGU**; essentially '*to impart learning*.'

BRAWDDEGAU ENGHREIFFTIOL
Sample Sentences

- **Dw i'n stryglo i ddysgu hwnna**
  = *I'm struggling to <u>learn</u> that*
- **Dylsen nhw 'di dysgu hwnna i chi**
  = *They should've <u>taught</u> you that*
- **Ddysgon ni ddim byd gynno fo**
  = *We <u>learnt</u> nothing from him/it*
- **Dw i'm yn meddwl ddysgith hi ddim byd**
  = *I don't think she'll <u>learn</u> anything*
- **Byse dysgu hwnna'n braf iawn**
  = *<u>Learning</u> that would be really nice*

CWESTIYNAU ENGHREIFFTIOL
Sample Questions

- **Ers pryd (wyt) ti'n dysgu Cymraeg?**
  = *Since when are you <u>learning</u> Welsh?*
- **'Sa' ti'n licio dysgu efo fi?**
  = *Would you like to <u>learn</u> with me?*
- **Be' ddysgon nhw yna?**
  = *What did they <u>learn</u> there?*

VERB TABLES: DYSGU

	Present / Future	Simple past	Conditional / Past habitual
1st sing.	Dysga(f) i *I('ll) learn*	Dysgais i *I learnt*	Dysgwn i *I'd learn*
2nd sing.	Dysgi di *You('ll) learn*	Dysgaist ti *You learnt*	Dysget ti *You'd learn*
3rd sing.	Dysgith ___ *___ ('ll) learn(s)*	Dysgodd ___ *___ learnt*	Dysgai ___ *___ 'd learn*
1st plu.	Dysgwn ni *We('ll) learn*	Dysgon ni *We learnt*	Dysgen ni *We'd learn*
2nd plu.	Dysgwch chi *You('ll) learn*	Dysgoch chi *You learnt*	Dysgech chi *You'd learn*
3rd plu.	Dysgan' nhw *They('ll) learn*	Dysgon nhw *They learnt*	Dysgen nhw *They'd learn*
Impersonal	Dysgir *One learns*	Dysgwyd *One learnt*	Dysgid *One used to learn*
Imperative	Inf. / Sing. **Dysga**		Form. / Plu. **Dysgwch**

Dysgaf i	*I learn*
	I will learn
Ddysgai hi ddim	*She wouldn't learn*
	She didn't used to learn
Ddysgoch chi?	*Did you learn?*

TRÏO
CEISIO

- *to try (to)*
- *to apply*
- *to request*

GWYBODAETH | *Information*

Sooner rather than later there was going to a verb that's borrowed from English, right?

Although **CEISIO** (pronounced, *KAY-shoh*) exists and remains common, **TRÏO** (pronounced *TREE-oh*) is becoming more and more prominent, especially in the spoken language.

We add the preposition **AM** (= *about, for*) to express '*to apply for [something]*,' usually a job; **Hoffwn geisio <u>am</u> y swydd** = *I'd like to apply for the job*.

From **CEISIO** we also get **CAIS** which is the noun for '*a [rugby] try*' as well as '*an application*.' Affixing **YM-** at the beginning of verbs in Welsh makes them reflexive, i.e., the verb is being done to the person completing the action. This is true of **YMGEISIO** which means '*to aspire [to]*' or '*to attempt [something]*.' An **YMGAIS** is '*an attempt*' or '*an endeavour*,' with words like **YMGEISYDD** equating to '*an applicant*' or '*a candidate*.'

BRAWDDEGAU ENGHREIFFTIOL
Sample Sentences

- **'Dyn ni wedi <u>trïo</u> cynnwys pawb**
  = *We've <u>tried</u> to include everyone*
- **Mi fasai'n wych 'taset ti'n <u>trïo</u> hwnna**
  = *It'd be great were you to <u>try</u> that*
- **Wnaeth o dd'eud dylwn i <u>drïo</u> hwnna**
  = *He said (that) I should <u>try</u> that*
- **Roeddwn i'n <u>trïo</u> dillad newydd ymlaen**
  = *I was <u>trying</u> on new clothes*
- **<u>Cheisi</u>on nhw ddim am y swydd newydd**
  = *They didn't <u>apply</u> for the new job*

CWESTIYNAU ENGHREIFFTIOL
Sample Questions

- **Sawl swydd <u>trïoch</u> chi amdanyn nhw?**
  = *How many jobs did you <u>try</u> for?*
- **Fasai'n rhaid i Owen <u>geisio</u>, fasai?**
  = *Owen would have to <u>try</u>, wouldn't he?*
- **Pryd <u>trïest</u> ti bannas d'wetha'?**
  = *When did you <u>try</u> parsnips last/previous?*

VERB TABLES: CEISIO

	Present / Future	Simple past	Conditional / Past habitual
1ˢᵗ sing.	Ceisia(f) i *I('ll) try*	Ceisiais i *I tried*	Ceisiwn i *I'd try*
2ⁿᵈ sing.	Ceisi di *You('ll) try*	Ceisiaist ti *You tried*	Ceiset ti *You'd try*
3ʳᵈ sing.	Ceisia ___ ___('ll) try/ies	Ceisiodd ___ ___ tried	Ceisiai ___ ___'d try
1ˢᵗ plu.	Ceisiwn ni *We('ll) try*	Ceision ni *We tried*	Ceisien ni *We'd try*
2ⁿᵈ plu.	Ceisiwch chi *You('ll) try*	Ceisioch chi *You tried*	Ceisiech chi *One'd try*
3ʳᵈ plu.	Ceisian' nhw *You('ll) try*	Ceision nhw *They tried*	Ceisien nhw *One'd try*
Impersonal	Ceisir *One('ll) try/ies*	Ceisiwyd *One tried*	Ceisid *One'd try*
Imperative	Inf. / Sing. **Ceisia**	Form. / Plu. **Ceisiwch**	

Ceisiaf i	*I try (to)*
	I'll try (to)
Cheisiai hi ddim	*She wouldn't try (to)*
	She didn't used to try (to)
Geisioch chi?	*Did you try (to)*

YMARFER

- *to practise*
- *to exercise*

GWYBODAETH | *Information*

I've always loved the word **YMARFER** because it's formed in a really cool way. **YM-** affixed to the start of a verb is (kind of like) a reflexive; i.e., the person doing the action is also doing it to themselves. In the case of **YMARFER**, **ARFER** is '*a habit*,' to **YMARFER** is to complete an action to oneself as a matter of habit. Although **ro'n i'n arfer** translates literally as '*I was usually*,' It also doubles as '*I used to*.' Anyway, I sincerely hope I've explained that well enough to make you think **YMARFER** is as cool a word as I think it is.

When coupled with **CORFF** (= *body*), **YMARFER CORFF** means '*to exercise (the body)*.' At first glance it can seem like a bit of an awkward phrase to use... until one thinks of French; *faire du sport* (*to do sport*) = *to exercise*. Saying that, the phrase '*to work out*' has never sat right with me either.

YMARFER, pluralised to **YMARFERION**, can also be used a noun; *(a) practice, (an) exercise*. You'll spot this in a lot of 'learn Welsh' textbooks, etc.

BRAWDDEGAU ENGHREIFFTIOL
Sample Sentences

- **Dw i byth yn <u>ymarfer</u> digon**
  = *I never <u>practise</u> enough*
- **Bydd rhaid i fi <u>ymarfer</u> Cymraeg heddiw**
  = *I'll have to <u>practise</u> Welsh today*
- **Mae <u>ymarfer</u> corff yn bwysig**
  = *(Physical) <u>exercise</u> is important*
- **Ddaru fi bach o <u>ymarfer</u> (corff) ddoe**
  = *I did a bit of (physical) <u>exercise</u> yesterday*
- **Roedd rhaid <u>ymarfer</u> siarad cyn bo hir**
  = *One had to <u>practise</u> speaking before long*

CWESTIYNAU ENGHREIFFTIOL
Sample Questions

- **I ba gampfa oeddet ti'n mynd i <u>ymarfer</u>?**
  = *To which gym did you go to <u>exercise</u>?*
- **Efo pwy byddi di'n <u>ymarfer</u> corff?**
  = *With whom will you be <u>exercising</u>?*
- **Faint o amser wariest ti'n <u>ymarfer</u>?**
  = *How much time did you spend <u>practising</u>?*

VERB TABLES: YMARFER

	Present / Future	Simple past	Conditional / Past habitual
1ˢᵗ sing.	Ymarfera(f) i *I('ll) practise*	Ymarferais i *I practised*	Ymarferwn i *I'd practise*
2ⁿᵈ sing.	Ymarferi di *You('ll) practise*	Ymarferaist ti *You practised*	Ymarferet ti *You'd practise*
3ʳᵈ sing.	Ymarferith ___ *___ ('ll) practise(s)*	Ymarferodd ___ *___ practised*	Ymarferai ___ *___ 'd practise*
1ˢᵗ plu.	Ymarferwn ni *We'll practise*	Ymarferon ni *We practised*	Ymarferen ni *We'd practise*
2ⁿᵈ plu.	Ymarferwch chi *You('ll) practise*	Ymarferoch chi *You practised*	Ymarferech chi *You'd practise*
3ʳᵈ plu.	Ymarferan nhw *They('ll) practise*	Ymarferon nhw *They practised*	Ymarferen nhw *They'd practise*
Impers.	Ymarferir *One practises*	Ymarferwyd *One practised*	Ymarferid *One would try*
Imperative	Inf. / Sing. **Ymarfera**		Form. / Plu. **Ymarferwch**

Ymarferaf i	*I practise*
	I'll practise
Ymarferai hi ddim	*She wouldn't practise*
	She didn't used to practise
Ymarferoch chi?	*Did you practise?*

DARLLEN

- *to read*

GWYBODAETH | *Information*

If you're learning Welsh, never underestimate the power of *reading*. I love it so much that I've decided to tell you all about the word **DARLLEN** (= *to read*) and how it works.

LLÊN (also, **LLENYDDIAETH**) means '*literature.*' The term '*lenn*' is used for '*to read*' in both Cornish and Breton, cementing the word's place as a true, Celtic heavyweight. There are similarities in the three living Gaelic languages too.

BWYDLEN could translate literally as '*food literature*', and **AMSERLEN** could be considered to mean '*time literature,*' but they actually mean '*a menu*' and '*a timetable/schedule*' respectively. So, yeah... that's that!

Finally, never underestimate the power of doing a bit of **DARLLEN** for yourself. Pick up a child's book in Welsh if you must. Get on it!

BRAWDDEGAU ENGHREIFFTIOL
Sample Sentences

- **Mi ddarllenodd hi fy nghwaith yn uchel**
  = *She read my work out loud*
- **Doedd y plant ddim yn (arfer) licio darllen**
  = *The children didn't used to like reading*
- **Bydd neb yn ei ddarllen... wir i ti**
  = *No one will read it... honestly (to you)*
- **Credaf (y) dylai pob plentyn ddarllen llyfrau**
  = *I believe every child should read books*
- **Darllen sy'n dda am helpu ti ddysgu**
  = *(It's) reading (that)'s good to help you learn*

CWESTIYNAU ENGHREIFFTIOL
Sample Questions

- **Pam (wyt) ti'n darllen y papur 'na?**
  = *Why are you reading that paper?*
- **T'isio darllen llyfr Doctor Cymraeg?**
  = *D'ya wanna read Doctor Cymraeg's book?*
- **Be' oedden nhw'n darllen yn y wers?**
  = *What were they reading in the lesson?*

VERB TABLES: DARLLEN

	Present / Future	Simple past	Conditional / Past habitual
1st sing.	Darllena(f) i *I('ll) read*	Darllenais i *I read*	Darllenwn i *I'd read*
2nd sing.	Darlleni di *You('ll) read*	Darllenaist ti *You read*	Darllenet ti *You'd read*
3rd sing.	Darllenith ___ *___ ('ll) read(s)*	Darllenodd ___ *___ read*	Darllenai ___ *___ 'd read*
1st plu.	Darllenwn ni *We('ll) read*	Darllenon ni *We read*	Darllenen ni *We'd read*
2nd plu.	Darllenwch chi *You('ll) read*	Darllenoch chi *You read*	Darllenech chi *You'd read*
3rd plu.	Darllenan' nhw *They('ll) read*	Darllenon nhw *They read*	Darllenen nhw *They'd read*
Impers.	Darllenir *One reads*	Darllenwyd *One read*	Darllenid *One'd read*
Imperative	Inf. / Sing. **Darllena**		Form. / Plu. **Darllenwch**

Darllenaf i	*I read*
	I'll read
Ddarllenai hi ddim	*She wouldn't read*
	She didn't used to read
Ddarllenoch chi?	*Did you read?*

48

SGWENNU

- *to write*
- *to scribe*

GWYBODAETH | *Information*

If you were wondering as to where **YSGRIFENNU** had escaped, with **SGWENNU** you're looking right at it – plus it was too long a word to fit on the previous page in the font size I'd chosen! Quite a few words including **–(S)GF–** mould into **–(S)GW–** in speech; **YSGYFARNOG** (= *a hare*) > **SGWARNOG**, **GWDD(W)F** (= *neck, throat*) > **GWDDW(G)**.

Likely deriving from the same root as such English words as '*scribe*' and '*script*,' we see similarities in other Celtic languages too; **SCRÍOBH** in Irish means '*to write*' with **SKRIFA** being the Cornish term.

YSGRIFENEDIG means '*written*,' as in the adjective, and **YSGRIFEN** is the noun for '*writing*.' Although the term **BEIRO** (robbed from that famous brand of pens) is commonplace in spoken Welsh these days, **YSGRIFBIN** (literally, *a writing pin*) is the 'proper' word for '*a pen*.'

BRAWDDEGAU ENGHREIFFTIOL
Sample Sentences

- **Dim fi wnaeth <u>ysgrifennu</u> ar y waliau**
  = *It wasn't me who <u>wrote</u> on the walls*
- **Mi wnes i <u>sgwennu</u> neges atyn nhw ddoe**
  = *I <u>wrote</u> a message to them yesterday*
- **Dw i'n licio'r llyfrau <u>sgwennodd</u> yr awdur 'na**
  = *I like the books that author <u>wrote</u>*
- **Mae'n rhaid i ti <u>ysgrifennu</u> rhestr siopa**
  = *You have to <u>write</u> a shopping list*
- **Dylwn i (fod) wedi <u>ysgrifennu</u> hwnna lawr**
  = *I should've <u>written</u> that down*

CWESTIYNAU ENGHREIFFTIOL
Sample Questions

- **Ti'n mynd i <u>sgwennu</u> llythyr atyn nhw?**
  = *Are you going to <u>write</u> a letter to them?*
- **Wnewch chi <u>ysgrifennu</u>'r teitl hefyd?**
  = *Will you <u>write</u> the title too?*
- **Pwy <u>sgwennodd</u> hwnna ar y bwrdd?**
  = *Who <u>wrote</u> that on the board/table?*

VERB TABLES : YSGRIFENNU

	Present / Future	Simple past	Conditional / Past habitual
1st sing.	Ysgrifenna(f) i *I('ll) write*	Ysgrifennais i *I wrote*	Ysgrifennwn i *I'd write*
2nd sing.	Ysgrifenni di *You('ll) write*	Ysgrifennaist ti *You wrote*	Ysgrifennet ti *You'd write*
3rd sing.	Ysgrifennith ___ *___ ('ll) write(s)*	Ysgrifennodd ___ *___ wrote*	Ysgrifennai ___ *___ 'd write*
1st plu.	Ysgrifennwn ni *We('ll) write*	Ysgrifennon ni *We wrote*	Ysgrifennen ni *We'd write*
2nd plu.	Ysgrifennwch chi *You('ll) write*	Ysgrifennoch chi *You wrote*	Ysgrifennech chi *You'd read*
3rd plu.	Ysgrifennan nhw *They('ll) write*	Ysgrifennon nhw *They wrote*	Ysgrifennen nhw *They'd write*
Impers.	Ysgrifennir *One('ll) write(s)*	Ysgrifennwyd *One wrote*	Ysgrifennid *One'd write*
Imperative	Inf. / Sing. **Ysgrifenna**		Form. / Plu. **Ysgrifennwch**

Ysgrifennaf i	*I write*
	I'll write
Ysgrifennai hi ddim	*She wouldn't write*
	She didn't used to write
Ysgrifennoch chi?	*Did you write?*

SIARAD

- *to speak*
- *to talk*

GWYBODAETH | *Information*

Just like **DWEUD** (which, incidentally, is the next verb in the book) is both '*to say*' and '*to tell*,' so too do the English equivalents of **SIARAD** begin with '*s-*' and '*t-*'; '*to speak*' and '*to talk*.' Not really sure why I shared that with you, but it used to help me remember them when I was learning.

Having said that, I'm certain that **SIARAD** is already a part of your vocabulary regardless of whether you've been learning for years or just days. Don't forget that most '**-SI-**' sounds are pronounced as '*sh*' in English; *SHA-rad*.

As you'll see from the verb table in a couple of pages, **SIARAD** is another of those rather rare verbs in Welsh that don't need amending before adding a suffix; **siarad** = *to speak*, *to talk*, **siaradais** = *I spoke*, *I talked*. Except for when it becomes **siared-** in a few literary terms. There's always an exception, right?

We can form the adjective '**siaradus**' to mean '*talkative*' or '*chatty*,' even though the verb '*to chat*' in Welsh is **sgwrsio**.

BRAWDDEGAU ENGHREIFFTIOL
Sample Sentences

- **Ron i'n arfer <u>siarad</u> Cymraeg fel plentyn**
  = *I used to <u>speak</u> Welsh as a child*
- **Rwyt ti wedi <u>siarad</u> â phawb erbyn hyn**
  = *You've <u>spoken</u> to everyone (by) now*
- **'Swn i'n licio cael <u>siarad</u> am y digwyddiad**
  = *I'd like to get to <u>talk</u> about the event*
- **Dylset ti fynd i <u>siarad</u> â fo nes ymlaen**
  = *You should go and <u>speak</u> to him later on*
- **<u>Siaradodd</u> y ddynes yn dda ar y llwyfan**
  = *The women <u>spoke</u> well on the stage*

CWESTIYNAU ENGHREIFFTIOL
Sample Questions

- **Pam bod pawb yn <u>siarad</u>?**
  = *Why is everyone <u>talking</u>?*
- **Pam <u>siaradodd</u> neb â'r cyngor?**
  = *Why did no one <u>speak</u> to the council?*
- **Pwy oedd yn <u>siarad</u> yn y cyfarfod?**
  = *Who was <u>talking</u> at the meeting?*

VERB TABLES: SIARAD

	Present / Future	Simple past	Conditional / Past habitual
1st sing.	Siarada(f) i *I('ll) speak*	Siaradais i *I spoke*	Siaradwn i *I'd speak*
2nd sing.	Siaredi di *You'll speak*	Siaradaist ti *You spoke*	Siaradet ti *You'd speak*
3rd sing.	Siaradith ___ *___ ('ll) speak*	Siaradodd ___ *___ spoke*	Siaradai ___ *___ 'd speak*
1st plu.	Siaradwn ni *We('ll) speak*	Siaradon ni *We spoke*	Siaraden ni *We'd speak*
2nd plu.	Siaradwch chi *You('ll) speak*	Siaradoch chi *You spoke*	Siaradech chi *You'd speak*
3rd plu.	Siaradan' nhw *They('ll) speak*	Siaradoch nhw *They spoke*	Siaraden nhw *They'd speak*
Impers.	Siaredir *One('ll) speak(s)*	Siaradwyd *One spoke*	Siaredid *One'd speak*
Imperative	Inf. / Sing. **Siarada**		Form. / Plu. **Siaradwch**

Siaradaf i	*I speak*
	I'll speak
Siaradai hi ddim	*She wouldn't speak*
	She didn't used to speak
Siaradoch chi?	*Did she speak?*

DWEUD

- *to say*
- *to tell*

GWYBODAETH | *Information*

I've got a sneaky feeling you'll quickly form a love-hate relationship with this word...

Clearly, any term (especially in a language you're learning) that can express both *'to say'* and *'to tell'* must be an absolute winner! But it doesn't stop there! As the (now-)archaic term **DYWED** dictates, the stem of **DWEUD** is just that; **DYWED-**, but expect **D'WED-** to be used as a more colloquial stem.

If it's colloquial language you're after, **DUD-** is your northern stem, with **WED-** being your southern variant. For instance, all of the following mean *'I said'* or *'I told'*; **DYWEDAIS I, D'WEDES I, DUDES I, WEDES I, MI DDUDES I, FE WEDES I**... et al. Oh, and especially when you're reading Welsh books, keep your eyes peeled for **MEDDAI ___**, which also expresses *'___ said'*. Fun, fun!

Notice in the above how the word **DWEUD** itself has moulded – likely through such frequent use – to **D'EUD** in northern dialects and **(G)WEUD** in southern ones. In all instances, however, you'll want to whack **WRTH** afterwards; **wna' i dd'eud/weud WRTH y plant** = *I'll tell (to) the children*.

ARDDWEUD = to dictate, **DAD-DDWEUD** = to retract, **ATAL DWEUD** = a stammer, a stutter, **DI-DDWEUD** = reticent, self-contained, **GWERTHDDWEUD** = to contradict. The possibilities are endless.

Finally, I simply had to share **UDISDHIDO**. Nope, it's not a city in Japan... it's a (highly-)contracted way of saying **MI DDUDES I, DO?** (= *I told (you so), didn't I?*)

BRAWDDEGAU ENGHREIFFTIOL
Sample Sentences

- **Paid (â) <u>dweud</u> wrth neb fod ti yma**
  = *Don't <u>tell</u> anyone you're here*
- **Rhaid <u>d'eud</u> bod y bwyd 'ma'n wych**
  = *It must be <u>said</u> that this food is great*
- **Dylai bod nhw'n <u>d'eud</u> be' sy'n digwydd**
  = *They should be <u>saying</u> what's happening*
- **Fyddwn i ddim yn <u>gweud</u> bod nhw'n iawn**
  = *I wouldn't <u>say</u> that they're right*
- **Dyna ro'n i'n trïo <u>dweud</u> wrthyt ti!**
  = *That's what I was trying to <u>tell</u> you!*

CWESTIYNAU ENGHREIFFTIOL
Sample Questions

- **Faint wnest ti <u>ddweud</u> amdano?**
  = *How much did you <u>say</u> about it/him?*
- **Haws <u>d'eud</u> na 'neud, dydi?**
  = *Easier <u>said</u> than done, isn't it?*
- **Pwy <u>ddudodd</u> hwnna?**
  = *Who <u>said</u> that?*

VERB TABLES: DWEUD

	Present / Future	Simple past	Conditional / Past habitual
1st sing.	Dyweda(f) i *I('ll) say*	Dywedais i *I said*	Dywedwn i *I'd say*
2nd sing.	Dywedi di *You('ll) say*	Dywedaist ti *You said*	Dywedet ti *You'd say*
3rd sing.	Dywedith ___ *___ ('ll) say*	Dywedodd ___ *___ said*	Dywedai ___ *___ 'd say*
1st plu.	Dywedwn ni *We('ll) say*	Dywedon ni *We said*	Dyweden ni *We'd say*
2nd plu.	Dywedwch chi *You('ll) say*	Dywedoch chi *You said*	Dywedech chi *You'd say*
3rd plu.	Dywedan nhw *They('ll) say*	Dywedon nhw *They said*	Dyweden nhw *They'd say*
Impers.	Dywedir *One('ll) say(s)*	Dywedwyd *One said*	Dywedid *___ 'd say*
Imperative	Inf. / Sing. **Dyweda**		Form. / Plu. **Dywedwch**

Dywedaf i	*I say/tell*
	I'll say/tell
Ddywedai hi ddim	*She wouldn't say/tell*
	She didn't used to say/tell
Ddywedoch chi?	*Did you say/tell?*

GOFYN

- *to ask*
- *to inquire*
- *to request*
- *to require*

GWYBODAETH | *Information*

Although there's a short section on the appropriate prepositions for each verb contained in this book at the back, it's worth noting which ones work with **GOFYN** as this tends to be a case where many people struggle to select the correct one... not that it ever really matters with regards to being understood, of course! A decent construction to remember – which also teaches the words for something (**RHYWBETH**) and someone (**RHYWUN**) is; **gofyn <u>wrth</u> rywun <u>am</u> rywbeth** = *to ask <u>[of/to]</u> someone <u>for</u> something*.

I've got a sneaky feeling, too, that the word **MO'YN** (in most south Wales dialects = *to want*) derives from **GOFYN**; **Y<u>MOFYN</u>** = to seek, to require. Hence the apostrophe in **MO'YN**, see!

Fun – yet largely pointless – fact is that the Cornish word for '*a question*' is **GOVYNN**. Kind of makes sense, I guess. They seem to lengthen the **O**-sound in their language, whereas only southern dialects would say it as such in Welsh. Back to Cymraeg, and, as a noun, **GOFYN** can also mean '*(a) requirement*.'

BRAWDDEGAU ENGHREIFFTIOL
Sample Sentences

- **'Sdim ond angen <u>gofyn</u> amdano**
  = *One only needs to <u>ask</u> about/for it/him*
- **Wnaethon nhw <u>ofyn</u> sawl cwestiwn**
  = *They <u>asked</u> a number of questions*
- **Bydd rhaid <u>gofyn</u> i bawb, felly**
  = *One must <u>ask</u> everyone, then/therefore*
- **<u>Gofyn</u>nir i westeion fod yn dawel**
  = *Guests are <u>ask</u>ed to be quiet*
- **<u>Gofyn</u>nwch i'ch cymdogion, felly!**
  = *<u>Ask</u> your neighbours, then!*

CWESTIYNAU ENGHREIFFTIOL
Sample Questions

- **Pwy sy'n <u>gofyn</u> y cwestiynau yma?**
  = *Who's <u>asking</u> the questions here?*
- **<u>Ofyn</u>nest ti am ddiwrnod bant o'r gwaith?**
  = *Did you <u>ask</u> for a day off work?*
- **Ddylid <u>gofyn</u> am atebion i'r cwis?**
  = *Should one <u>ask</u> for answers to the quiz?*

VERB TABLES: GOFYN

	Present / Future	Simple past	Conditional / Past habitual
1st sing.	**Gofynna(f) i** *I('ll) ask*	**Gofynnais i** *I asked*	**Gofynnwn i** *I'd ask*
2nd sing.	**Gofynni di** *You('ll) ask*	**Gofynnaist ti** *You asked*	**Gofynnet ti** *You'd ask*
3rd sing.	**Gofynnith ___** *___ ('ll) ask(s)*	**Gofynnodd ___** *___ asked*	**Gofynnai ___** *___ 'd ask*
1st plu.	**Gofynnwn ni** *We('ll) ask*	**Gofynnon ni** *We asked*	**Gofynnen ni** *We'd ask*
2nd plu.	**Gofynnwch chi** *You('ll) ask*	**Gofynnoch chi** *You asked*	**Gofynnech chi** *You'd ask*
3rd plu.	**Gofynnan nhw** *They('ll) ask*	**Gofynnon nhw** *They asked*	**Gofynnen nhw** *They'd ask*
Impers.	**Gofynnir** *One('ll) ask(s)*	**Gofynnwyd** *One asked*	**Gofynnid** *One'd ask*
Imperative	Inf. / Sing. **Gofynna**		Form. / Plu. **Gofynnwch**

Gofynnaf i	*I ask*
	I'll ask
Ofynnai hi ddim	*She wouldn't ask*
	She didn't used to ask
Ofynnoch chi?	*Did you ask?*

EISIAU
MO'YN

- *to want*

GWYBODAETH | *Information*

The grammar geeks amongst readers of this book – the ones who tipped their hat to my mentioning that, technically, the terms to which I refer as 'verbs' are actually 'verb-nouns' – will probably have been waiting to pounce on the fact that **EISIAU** is neither a verb nor a verbal noun. In fact, it's a noun.

Historically, the construction for expressing 'want' was **mae eisiau ___ ar ___** (literally, *there's a want of/for (something) on (someone)*.)

The modern language, however, has moulded **EISIAU** into somewhat of a verb and it's now used much like all the other terms I've included in this book.
What's cool, though, is how Welsh continues tips its hat to traditional structure explained above and does not require **YN** (or **'N**) before **EISIAU**; compare **dw i'n mynd** vs **dw i eisiau**. Additionally, due to the construction of questions formerly posed as asking as to whether '*a want of (something) is (up)on (someone)*,' many native speakers still answer questions beginning with '**Wyt ti eisiau...?**' (= *Do you want (to)...?*) with **OES** or **NAC OES**, instead of the expected **YDW** or **NAC YDW**. How can anyone not love Welsh?

BRAWDDEGAU ENGHREIFFTIOL
Sample Sentences

- **Dw i <u>isio</u> bod yn athrawes**
  = *I <u>want</u> to be a (female) teacher*
- **Roedd yr arth <u>eisiau</u> mynd i'r goedwig**
  = *The beat <u>wanted</u> to go to the forest*
- **Faswn i byth <u>eisiau</u> mynd yna eto**
  = *I would never <u>want</u> to go there again*
- **Fi mo'yn siarad 'da ti**
  = *I want to speak with you*
- **'Sgen i'm syniad pwy oedd isio dod**
  = *I've got no idea why wanted to come*

CWESTIYNAU ENGHREIFFTIOL
Sample Questions

- **Oeddet ti <u>mo'yn</u> r'wbeth o'r siop?**
  = *Did you <u>want</u> anything from the shop?*
- **T'<u>isio</u> paned?**
  = *Do you <u>want</u> a cup (of tea/coffee/etc)?*
- **A oes <u>eisiau</u> paned arnat?**
  = *Do you <u>want</u> a cup (of tea/coffee/etc)?*

Present tense (Modern usage)	
Dw i eisiau	*I want (a/to)*
Wyt ti eisiau?	*Do you want (a/to)?*
Dydy ___ ddim eisiau	*___ doesn't want (a/to)*
'Dyn ni eisiau	*We want (a/to)*
'Dych chi eisiau?	*Do you want (a/to)?*
'Dyn nhw ddim eisiau	*They don't want (a/to)*

Conditional tense (Modern usage)	
[Ba]swn i eisiau	*I'd want (a/to)*
Faset ti eisiau?	*Would you want (a/to)?*
Fasai ___ ddim eisiau	*___ wouldn't want (a/to)*
Basen ni eisiau	*We would want (a/to)*
Fasech chi eisiau?	*Would you want (a/to)?*
Fasen nhw ddim eisiau	*They wouldn't want (a/to)*

Past tense (Modern usage)	
Ro'n i eisiau	*I wanted (a/to)*
Oeddet ti eisiau?	*Did you want (a/to)?*
Doedd ___ ddim eisiau	*___ didn't want (a/to)*
Roedden ni eisiau	*We wanted (a/to)*
Oeddech chi eisiau?	*Did you want (a/to)?*
Doedden nhw ddim eisiau	*They didn't want (a/to)*

ANGEN

- *to need (to)*

GWYBODAETH | *Information*

Similar to **EISIAU** in the previous chapter, **ANGEN** is actually a noun, and because of this it cannot conjugate on its own, requiring (or should I say *'needing'*?) auxiliary verbs to give it life. It's for this reason that I've been unable to offer a Verb Table for **ANGEN** as I've done with most other terms in this book.

As **ANGEN** is, as I've said, a noun, it can also work such; **mae angen help** = *there's a need/requirement for help/aid*.

Also, much like **EISIAU**, the standard structure using **ANGEN** is to say that 'there is a need (up)on someone,' e.g., **mae angen côt arnat ti** = *you need a coat* (literally, *there's a need for a coat (up)on you*).

It was used in Middle Welsh as ***ANGHEN***, it derives from a term over three thousand years old suggesting *'to reach,'* eventually yielding the English term *'nigh.'* Not sure why I told you that, but it's pretty cool, right?

BRAWDDEGAU ENGHREIFFTIOL
Sample Sentences

- **Dw i <u>angen</u> mynd i ffeindio ffrog newydd**
  = *I <u>need</u> to go and find a new dress*
- **Mae <u>angen</u> cymorth arnom ni**
  = *We <u>need</u> help/aid*
- **Roedd pawb <u>angen</u> syniadau am y sioe**
  = *Everyone <u>need</u>ed ideas for the show*
- **Dylai fod neb <u>angen</u> siarad efo fi heddiw**
  = *No one should <u>need</u> to speak to me today*
- **Fydd 'na ddim <u>angen</u> unrhyw bres arnat ti**
  = *You won't <u>need</u> any money*

CWESTIYNAU ENGHREIFFTIOL
Sample Questions

- **Pwy sy' <u>angen</u> y toiled cyn gadael?**
  = *Who <u>need</u>s the toilet before leaving?*
- **Oes <u>angen</u> côt law arna' i cyn mynd?**
  = *Do I <u>need</u> a raincoat before going?*
- **Ydyn nhw <u>angen</u> gwisgo crys-t tu mewn?**
  = *Do they <u>need</u> to wear a t-shirt inside?*

Present tense (Modern usage)	
Dw i angen	*I want (a/to)*
Wyt ti angen?	*Do you want (a/to)?*
Dydy ___ ddim angen	*___ doesn't want (a/to)*
'Dyn ni angen	*We want (a/to)*
'Dych chi angen?	*Do you want (a/to)?*
'Dyn nhw ddim angen	*They don't want (a/to)*

Conditional tense (Modern usage)	
[Ba]swn i angen	*I'd want (a/to)*
Faset ti angen?	*Would you want (a/to)?*
Fasai ___ ddim angen	*___ wouldn't want (a/to)*
Basen ni angen	*We would want (a/to)*
Fasech chi angen?	*Would you want (a/to)?*
Fasen nhw ddim angen	*They wouldn't want (a/to)*

Past tense (Modern usage)	
Ro'n i angen	*I wanted (a/to)*
Oeddet ti angen?	*Did you want (a/to)?*
Doedd ___ ddim angen	*___ didn't want (a/to)*
Roedden ni angen	*We wanted (a/to)*
Oeddech chi angen?	*Did you want (a/to)?*
Doedden nhw ddim angen	*They didn't want (a/to)*

GORFOD

- *must*
- *to have to*

GWYBODAETH | *Information*

I may be barking up the wrong tree here, but it seems likely that this little gem derives from the verb **GORFODI** (*to force*). These days, **GORFOD** is used as a way of expressing '*must*' or '*to have to*'.

The reason people tend to use **GORFOD** rather than the **RHAID** construction is that **RHAID** needs to be linked with the preposition '**I**' (*to / for*) which, in turn, can be personalised depending on the person > **I FI** (*to me / for me*), **IDDI HI** (*to her / for her*), **IDDYN NHW** (*to them / for them*) etc. **GORFOD**, on the other hand, simply follows **DW I'N, MAE HI'N, MAEN NHW'N** etc. It also doesn't cause a mutation on anything following it, like 'I' does.

In speech both the **F** and **D** can be dropped (**GOR'O'**) which leaves a term sounding a lot like '*gorra*' – the Scouse English term for '*have to*', of course; *I gorra go* > **DW I'N GOR'O' MYND**.

One will also hear **GOFFO** in southern dialects, although the **RHAID** construction is more likely.

Finally, whack **-AETH** on the end and you've got yourself the noun **GORFODAETH** (*(a) compulsion, (an) enforcement*).

You're probably used to this now, but, being 'officially' a noun, **GORFOD** can't be conjugated and, as such, I include no verb table section for it.

BRAWDDEGAU ENGHREIFFTIOL
Sample Sentences

- **Fydd y bobl yn <u>gorfod</u> bod yno**
  = *The people will <u>have to</u> be there*
- **Mae o'n <u>gor'o'</u> bod yma (yn) rhywle**
  = *It/He <u>has to</u> be here somewhere*
- **Ro'n i 'di <u>gor'o'</u> nôl nhw**
  = *I (had) <u>had to</u> fetch them*
- **(Rwyt) ti'n <u>gor'o'</u> 'neud o'n syth**
  = *You <u>have to</u> do it immediately*
- **Byse hi'n <u>gor'o'</u> gweithio**
  = *She would <u>have to</u> work*

CWESTIYNAU ENGHREIFFTIOL
Sample Questions

- **(Wyt) ti'n <u>gorfod</u> 'neud hwnna rŵan?**
  = *Do you <u>have to</u> do that now?*
- **Pwy sy'n <u>gorfod</u> siarad?**
  = *Who <u>has to</u> speak?*
- **Faint (wyt) ti'n <u>gor'o'</u> cael?**
  = *How many <u>must</u> you have/get?*

Present tense (Modern usage)	
Dw i gor'o'	*I have to*
Wyt ti gor'o'?	*Do you have to?*
Dydy ___ ddim gor'o'	*___ doesn't have to*
'Dyn ni gor'o'	*We have to*
'Dych chi gor'o'?	*Do you have to?*
'Dyn nhw ddim gor'o'	*They don't have to*

Conditional tense (Modern usage)	
[Ba]swn i gor'o'	*I'd have to*
Faset ti gor'o'?	*Would you have to?*
Fasai ___ ddim gor'o'	*___ wouldn't have to*
Basen ni gor'o'	*We would have to*
Fasech chi gor'o'?	*Would you have to?*
Fasen nhw ddim gor'o'	*They wouldn't have to*

Past tense (Modern usage)	
Ro'n i gor'o'	*I had to*
Oeddet ti gor'o'?	*Did you have to?*
Doedd ___ ddim gor'o'	*___ didn't have to*
Roedden ni gor'o'	*We had to*
Oeddech chi gor'o'?	*Did you have to?*
Doedden nhw ddim gor'o'	*They didn't have to*

MEDDWL

- *to think*
- *to mean*

GWYBODAETH | *Information*

Deriving from the same term from which the English term *'mental'* derives, **MEDDWL** is all about *thoughts* and the *mind*.

As 'thinking' is something we can do both as a one-off as well as a continuous act, **MEDDYLIES I** (= *I thought*) and **RO'N I'N MEDDWL** (= *I was thinking / I thought*) mean two different things but are used just as commonly as one another.
MEDDWL is cool because, aside from meaning *'to think'*, it can also take the place of another cool verb – **GOLYGU** (= *to mean*) – to express... well, *'to mean.'* **Beth mae hwnna'n (ei) <u>olygu</u>?** = *What does that <u>mean</u>?*

As a noun, **MEDDWL** can suggest one's *'thought(s)'* and/or one's *'mind'* or *'brain.'*

It's often heard as **ME'(W)L** in speech which can throw learners. To distinguish it from **MÊL** (= *honey*), you'll need two things; context and a keen ear to hear the slight pause between the *'meh'* and *'ul'* sounds.

BRAWDDEGAU ENGHREIFFTIOL
Sample Sentences

- **Dw i'm yn <u>meddwl</u> felly**
  = *I don't <u>think</u> so*
- **Bydda i'n gor'o' <u>meddwl</u> amdano**
  = *I'll have to <u>think</u> about it/him*
- **Dw i angen amser i <u>feddwl</u>**
  = *I need time to <u>think</u>*
- **Do'n i'm yn <u>meddwl</u> hwnna**
  = *I didn't <u>mean</u> that*
- **Ro'n i'n <u>meddwl</u> bo' ti'n gw'bod**
  = *I <u>thought</u> you knew*

CWESTIYNAU ENGHREIFFTIOL
Sample Questions

- **<u>Feddyliodd</u> hi amdano?**
  = *Did she <u>think</u> about it/him?*
- **Be' mae hwnna'n <u>feddwl</u>?**
  = *What does that <u>mean</u>?*
- **Be' sy' ar dy <u>feddwl</u>?**
  = *What's on your <u>mind</u>?*

VERB TABLES: MEDDWL

	Present / Future	Simple past	Conditional / Past habitual
1st sing.	Meddylia(f) i *I('ll) think*	Meddyliais i *I thought*	Meddyliwn i *I'd think*
2nd sing.	Meddyli di *You('ll) think*	Meddyliaist ti *You thought*	Meddyliet ti *You'd think*
3rd sing.	Meddylia ___ ___ *('ll) think(s)*	Meddyliodd ___ ___ *thought*	Meddyliai ___ ___ *'d think*
1st plu.	Meddyliwn ni *We('ll) think*	Meddylion ni *We thought*	Meddylien ni *We'd think*
2nd plu.	Meddyliwch chi *You('ll) think*	Meddylioch chi *You thought*	Meddyliech chi *You'd think*
3rd plu.	Meddylian nhw *They('ll) think*	Meddylion nhw *They thought*	Meddylien nhw *They'd think*
Impers.	Meddylir *One('ll) think(s)*	Meddyliwyd *One thought*	Meddylid *One'd think*
Imperative	Inf. / Sing. **Meddylia**		Form. / Plu. **Meddyliwch**

Meddyliaf i	*I think*
	I'll think
Feddyliai hi ddim	*She wouldn't think*
	She didn't used to think
Feddylioch chi?	*Did you think?*

COFIO

- *to remember*

GWYBODAETH | *Information*

It probably won't come of any surprise that **COFIO** derives from **COF** (= *memory, recollection*). Note how **COFIO** is pronounced with a short-**O** (*kov-eeyoh*) and **COF** has a long-**O** sound (*korv*). We can use this word in sentences like **'sgen i'm <u>cof</u> amdano** = *I have no <u>recollection</u> of it/him*. Other uses include; **mae o 'di mynd i'i gof** = *he's gone out of his <u>mind</u>*. The feminine version would be **mae hi 'di mynd o'i chof** = *she's gone out of her <u>mind</u>*.

If you don't fancy using **DDIM** to negate sentences including **COFIO**, you could also punt for **ANGHOFIO** (= *to forget*).
Some other terms including terms deriving from the same root as **COF(IO)** include; **<u>cof</u>iant** (= *a biography, a memoir*), **hunan<u>gof</u>iant** (= *an autobiography*) **cofeb(ion)** (= *memorial(s)*), and **<u>cof</u>iadwy** (= *memorable*).

We can also use **COFIO** in the construction '**<u>Cof</u>ia fi atyn nhw**' (= *<u>remember</u> me to them*) which equates to the English saying '*tell them I'm <u>asking for</u> them*' when speaking to someone who's likely to see a third party before you.

BRAWDDEGAU ENGHREIFFTIOL
Sample Sentences

- **Dw i methu <u>cofio</u> dim byd**
  = I can't <u>remember</u> anything
- **Bydd Owen yn <u>cofio</u> fi atyn nhw**
  = Owen will tell them I'm <u>asking for</u> them
- **Rhaid i fi drïo <u>cofio</u> amdani hi**
  = I have to try to <u>remember</u> about her/it
- **Roedd y bobl isio ti (ei) <u>gofio</u>**
  = The people wanted you to <u>remember</u> it
- **Maen nhw'n gadael 'fory, <u>cofia</u>**
  = They're leaving tomorrow, <u>remember</u>

CWESTIYNAU ENGHREIFFTIOL
Sample Questions

- **<u>Gofi</u>th hi bydd Siôn Corn yma?**
  = Will she <u>remember</u> that Santa'll be here?
- **Pam elli di ddim <u>cofio</u> dim byd?**
  = Why can't you <u>remember</u> anything?
- **Wnest ti <u>gofio</u> anfon y llythyr?**
  = Did you <u>remember</u> to send the letter?

VERB TABLES: COFIO

	Present / Future	Simple past	Conditional / Past habitual
1st sing.	**Cofia(f) i** *I('ll) remember*	**Cofiais i** *I remembered*	**Cofiwn i** *I'd remember*
2nd sing.	**Cofi di** *You('ll) remember*	**Cofiaist ti** *You remembered*	**Cofiet ti** *You'd remember*
3rd sing.	**Cofith ___** *___('ll) remember(s)*	**Cofiodd ___** *___ remembered*	**Cofiai ___** *___'d remember*
1st plu.	**Cofiwn ni** *We('ll) remember*	**Cofion ni** *We remembered*	**Cofien ni** *We'd remember*
2nd plu.	**Cofiwch chi** *You('ll) remember*	**Cofioch chi** *You remembered*	**Cofiech chi** *You'd remember*
3rd plu.	**Cofian' nhw** *They('ll) remember*	**Cofion nhw** *They remembered*	**Cofien nhw** *They'd remember*
Impers.	**Cofir** *One('ll) remember(s)*	**Cofiwyd** *One remembered*	**Cofid** *One'd remember*

Imperative	Inf. / Sing. **Cofia**	Form. / Plu. **Cofiwch**

Cofiaf i	*I remember*
	I'll remember
Chofiai hi ddim	*She wouldn't remember*
	She didn't used to remember
Gofioch chi?	*Did you remember?*

HOFFI
LICIO

- *to like (to)*

GWYBODAETH | *Information*

Ah, this old charmer. Am I putting my neck on the line in saying I doubt there's anyone out there who hasn't come across this one?

Lifted straight from English, don't be surprised to see/hear people swapping out **HOFFI** for **LICIO** and/or **LEICIO**. Don't shoot the messenger... I'm just telling you it happens!

Although I've included the verb table for **HOFFI**, only the conditional / past habitual / imperfect ones tend to be used in modern speech. As with terms like **GWYBOD** (= *to know*), **MEDDWL** (= *to think*), etc, '*liking*' something is more of a continuous event, rather than a one off. For this reason, **dw i'n hoffi** (= *I am liking*) and **ro'n i'n hoffi** (= *I was liking*) are far more common (and, perhaps, appropriate) than **hoffaf** (= *I like*) and **hoffais** (= *I liked*) respectively.

Finally, it's worth noting that **HOFF** means *favourite*. Despite being an adjective, **HOFF** usually comes before nouns in Welsh and, as such, causes a soft mutation on any following term; e.g., **HOFF BOBL** = *favourite people*.

And remember, we don't all like coffee... ok?!

BRAWDDEGAU ENGHREIFFTIOL
Sample Sentences

- **Fasen ni ddim yn <u>hoffi</u> 'neud hwnna**
  = *We wouldn't <u>like</u> to do/make that*
- **Ddylse fod neb yn <u>hoffi</u> bwyd fel 'na**
  = *No one should <u>like</u> food like that*
- **Dw i wir ddim yn <u>hoffi</u> coffi**
  = *I really don't <u>like</u> coffee*
- **Don i'm yn <u>licio</u> nhw gymaint**
  = *I didn't <u>like</u> them that much*
- **Dw i'n gw'bod yn iawn byddi di'n <u>licio</u>**
  = *I know all too well (that) you'll <u>like</u> (it)*

CWESTIYNAU ENGHREIFFTIOL
Sample Questions

- **Wyt ti'n <u>hoffi</u> siarad am bethau diflas?**
  = *Do you <u>like</u> talking about boring things?*
- **<u>Liciet</u> ti siarad Cymraeg efo ni?**
  = *Would you <u>like</u> to speak Welsh with us?*
- **Pam oeddet ti'n <u>hoffi</u> celf yn yr ysgol?**
  = *Why did you (used to) <u>like</u> art in school?*

VERB TABLES: HOFFI

	Present / Future	Simple past	Conditional / Past habitual
1st sing.	**Hoffa(f) i** *I('ll) like*	**Hoffais i** *I liked*	**Hoffwn i** *I'd like*
2nd sing.	**Hoffi di** *You'll like*	**Hoffaist ti** *You liked*	**Hoffet ti** *You'd like*
3rd sing.	**Hoffith ___** *___ ('ll) like(s)*	**Hoffodd ___** *___ liked*	**Hoffai ___** *___ 'd like*
1st plu.	**Hoffwn ni** *We('ll) like*	**Hoffon ni** *We liked*	**Hoffen ni** *We'd like*
2nd plu.	**Hoffwch chi** *You('ll) like*	**Hoffoch chi** *You liked*	**Hoffech chi** *You'd like*
3rd plu.	**Hoffan' nhw** *They('ll) like*	**Hoffon nhw** *They liked*	**Hoffen' nhw** *They'd like*
Impers.	**Hoffir** *One('ll) like(s)*	**Hoffwyd** *One liked*	**Hoffid** *One'd like*
Imperative	Inf. / Sing. **Hoffa**		Form. / Plu. **Hoffwch**

Hoffaf i	*I like*
	I'll like
Hoffai hi ddim	*She wouldn't like*
	She didn't used to like
Hoffoch chi?	*Did you like?*

CARU

- *to love*

GWYBODAETH | *Information*

'You 'carry' love in a bag' is a phrase I'll often throw out when teaching teenagers in school. It's a bit silly, but it really does help them to remember. Normal people, however, will recall that the noun **CARIAD** (= *[a] love, [a] beloved, etc*) derives from **CARU**.

Remember how, with **EISIAU**, **ANGEN**, and **GORFOD**, that using the simple past tense was done using the **ROEDD** (= *was*) structure? Well, **CARU** isn't too different either. Although **carodd Owen siopa** (= *Owen loved shopping*) is a fine sentence grammatically, one is far more likely to hear it expressed as **roedd Owen yn caru siopa** (literally, *Owen was loving shopping*). Even so, I've still shown how **CARU** conjugates in the simple past tense in the Verb Table section.

Finally, whether you like it or not, **LYFIO** is becoming more and more commonplace instead of **CARU**. I'm not saying you have to use it, just expect it. Whereas there's nothing wrong with saying **yr wyf yn dy garu (di)** to express '*I love you*,' don't be too surprised to hear "**lyfio ti**" these days. That's all I'm saying!

BRAWDDEGAU ENGHREIFFTIOL
Sample Sentences

- 'Swn i'n licio llwy <u>caru</u> fel anrheg
  = *I'd like a <u>love</u> spoon as a gift*
- Mae'n ddigon hawdd <u>caru</u>'r Gymraeg
  = *It's easy enough to <u>love</u> Welsh*
- Dw i'n dy <u>garu</u> di, fy <u>nghariad</u> (i)
  = *I <u>love</u> you, my <u>love</u>/darling*
- Wnaeth o <u>garu</u> gweld y tŷ newydd
  = *He <u>loved</u> seeing the new house*
- Mi faswn i'n <u>caru</u> helpu chi efo hwnna
  = *I'd <u>love</u> to help you with that*

CWESTIYNAU ENGHREIFFTIOL
Sample Questions

- <u>Garet</u> ti glywed ein stori?
  = *Would you <u>love</u> to hear our story?*
- Oedd hi'n ei garu?
  = *Did she love him?*
- Wyt ti am dd'eud pwy ti'n <u>caru</u>?
  = *Are you going to say who you <u>love</u>?*

VERB TABLES: CARU

	Present / Future	Simple past	Conditional / Past habitual
1st sing.	Cara(f) i *I('ll) love*	Carais i *I loved*	Carwn i *I'd like*
2nd sing.	Ceri di *You('ll) love*	Caraist ti *You loved*	Caret ti *You'd love*
3rd sing.	Câr/Cara ___ ___ *('ll) love(s)*	Carodd ___ ___ *loved*	Carai ___ ___ *'d love*
1st plu.	Carwn ni *We('ll) love*	Caron ni *We loved*	Caren ni *We'd love*
2nd plu.	Cerwch chi *You('ll) love*	Caroch chi *You loved*	Carech chi *You'd love*
3rd plu.	Caran' nhw *They('ll) love*	Cawson nhw *They loved*	Caren' nhw *They'd love*
Impersonal	Cerir *One loves*	Carwyd *One loved*	Cerid *One'd love*
Imperative	Inf. / Sing. **Cara**	Form. / Plu. **Carwch**	

Caraf i	*I love*
	I'll love
Charai hi ddim	*She wouldn't love*
	She didn't used to love
Garoch chi?	*Did you love?*

GWYBOD
ADNABOD

- *to know*
- *to recognise*

GWYBODAETH | *Information*

Putting these two together is probably a little brave considering they're two verbs in their own right and mean rather different things. The reason they're together is because modern English would use *'to know'* for both, but, as with most modern languages, it's not as simple as that.

I often question why beautiful words such as GWYBOD often get contracted and moulded so that they end up looking nothing like their original (and gorgeous) selves, but it happens... and **GWYBOD** gets it bad!

Ti'mod? (from **A wyt ti'n gwybod?** = *Ya' know?*), **Dwmbo** (from Dw i'm yn gwybod = *I don't know*), **Dwnim** (from **Nid wyddwn i (ddim)**) = *I wouldn't know*), and **(W)'sti?** (from **Wyddost ti?** = *Did you know?*).

With regards **GWYBOD** vs **ADNABOD**, the former means *'to know something'* (like a piece of information), with the latter suggesting *knowing a person or a place.* It's **ADNABOD** that's often used to say *'to recognise.'* Notice, too, how **ADNABOD** is very often shortened to **'nabod**.

Some other terms involving these two gems include; **gwybodaeth** (= *information, knowledge*), **ymwybodol** (= *aware, conscious*), **adnabyddus** (*well-known, renowned*), and **cydwybod** (= *conscience*).

BRAWDDEGAU ENGHREIFFTIOL
Sample Sentences

- **Mae pawb yn <u>gwybod</u> pryd i bartïo**
  = *Everyone <u>knows</u> when to party*
- **Bydda i'n '<u>nabod</u> pawb erbyn diwedd y dydd**
  = *I'll <u>know</u> everyone by the end of the day*
- **Well i chi <u>wybod</u> be' fydd yn digwydd nesa'**
  = *It's best you <u>know</u> what's happening next*
- **Ro'n i'n <u>adnabod</u> pawb yn yr ysgol**
  = *I <u>knew</u> everyone in (the) school*
- **Mi fedra'i helpu os t'isio <u>gw'bod</u>**
  = *I can help if you want to <u>know</u>*

CWESTIYNAU ENGHREIFFTIOL
Sample Questions

- **<u>Wydd</u>ost ti fod Cymru'n wlad hardd?**
  = *Did you <u>know</u> that is a beautiful country?*
- **Wyt ti'n '<u>nabod</u> yr ardal yma'n iawn?**
  = *Do you <u>know</u> this area well?*
- **Be' mae hi mo'yn <u>gwybod</u> gen ti?**
  = *What does she want to <u>know</u> from you?*

VERB TABLES: GWYBOD

	Present / Future	Simple past	Conditional / Past habitual
1st sing.	Gwybyddaf i *I('ll) know*	Gwn i *I knew*	Gwyddwn i *I'd know*
2nd sing.	Gwybyddi di *You('ll) know*	Gwyddost di *You knew*	Gwyddit ti *You'd know*
3rd sing.	Gwybydd ___ *___ ('ll) know(s)*	Gŵyr ___ *___ knew*	Gwyddai ___ *___ 'd know*
1st plu.	Gwybyddwn ni *We('ll) know*	Gwyddon ni *We knew*	Gwydden ni *We'd know*
2nd plu.	Gwybyddwch chi *You('ll) know*	Gwyddoch chi *You knew*	Gwyddech chi *You'd know*
3rd plu.	Gwybyddan' nhw *They('ll) know*	Gwyddon nhw *They knew*	Gwydden' nhw *They'd know*
Impers.	Gwyddir *One knows*	Gwyddys *One knew*	Gwyddid *One'd know*
Imperative	Inf. / Sing. **Gwybydd**		Form. / Plu. **Gwybyddwch**

Gwn i	*I know*
	I'll know
Wyddai hi ddim	*She wouldn't know*
	She didn't used to know
Wyddoch chi?	*Did you know?*

DEFNYDDIO

IWSIO

- *to use*
- *to utilise*

GWYBODAETH | *Information*

Why is it that it's always the most *useful* (Get it? *Useful*?) words that are about 41 letters long? And, on top of that, they require yours truly to explain their pronunciation as follows: *dev-NUTH-(ee)yoh*. Brings tears to one's eyes.

Should uttering **DEFNYDDIO** become too much for you, do what the rest of us do and just say **IWSIO**; pronounced *YOOZ-yoh* or *EEOOZ-yoh*, depending on the dialect.
Appearing in common parlance – as well as in a rather famous song by Gwyneth Glyn called Adra – the word **IWS** can be used as a noun to say to '*use*'; **be' ydy'r iws?** (= *what's the use?*).

DEFNYDD means '*(a) material*' or 'a use,' and **DEFNYDDIOL** is the adjective '*useful*.' As a northeasterner, it would be wrong of me to not afford an honourable mention to **NACI** which is a term describing something '*small but useful*' – a term my Taid would say in English too. Had this book not been 299 pages long, one might have also described this book as **NACI**!

BRAWDDEGAU ENGHREIFFTIOL
Sample Sentences

- 'Sdim rhaid <u>defnyddio</u> hwnna o gwbl
  =There's no need to <u>use</u> that at all
- Bydd hi'n trïo <u>defnyddio</u> arian tro nesa'
  = I'll be trying to <u>use</u> money next time
- Dw i angen dysgu sut i <u>iwsio</u> nhw
  = I need to learn how to <u>use</u> them
- D<u>defnyddies</u> i mohono o gwbl, diolch!
  = I didn't <u>use</u> it/him at all, thanks!
- Ro'n i'n <u>defnyddio</u>'r Gymraeg bob dydd yna
  = I was <u>using</u> Welsh every day there

CWESTIYNAU ENGHREIFFTIOL
Sample Questions

- Pryd 'sen nhw'n licio <u>defnyddio</u>'r ffôn?
  = When would they like to <u>use</u> the phone?
- D<u>defnyddioch</u> chi Gymraeg ar eich gwyliau?
  = Did you <u>use</u> Welsh on your holiday?
- Faint wnewch chi <u>iwsio</u>?
  = How many/much will you <u>use</u>?

VERB TABLES: DEFNYDDIO

	Present / Future	Simple past	Conditional / Past habitual
1st sing.	**Defnyddia(f) i** *I('ll) use*	**Defnyddiais i** *I used*	**Defnyddiwn i** *I'd use*
2nd sing.	**Defnyddi di** *You('ll) use*	**Defnyddiaist ti** *You used*	**Defnyddiet ti** *You'd use*
3rd sing.	**Defnyddith ___** *___ ('ll) use*	**Defnyddiodd ___** *___ used*	**Defnyddiai ___** *___ 'd use*
1st plu.	**Defnyddiwn ni** *We('ll) use*	**Defnyddion ni** *We used*	**Defnyddien ni** *We'd use*
2nd plu.	**Defnyddiwch chi** *You('ll) use*	**Defnyddioch chi** *You used*	**Defnyddiech chi** *You'd use*
3rd plu.	**Defnyddian' nhw** *They('ll) use*	**Defnyddion nhw** *They used*	**Defnyddien nhw** *They'd use*
Impers.	**Defnyddir** *One uses*	**Defnyddiwyd** *One used*	**Defnyddid** *One'd use*
Imperative	Inf. / Sing. **Defnyddia**	Form. / Plu. **Defnyddiwch**	

Defnyddiaf i	*I use*
	I'll use
Ddefnyddiai hi ddim	*She wouldn't use*
	She didn't used to use
Ddefnyddioch chi?	*Did you use?*

AROS

- *to stay*
- *to wait*
- *to pause*
- *to remain*

GWYBODAETH | *Information*

I'm certain I'm correct in saying that a number of languages use the same (or very similar) terms to express both '*to stay*' and '*to wait*.' To be honest, when you think about it, there's not a great deal of difference between them anyway. Welsh is one such of these languages. Makes learning a tad easier, right?

Notice how, when **AROS** is lengthened by adding a suffix, the shifting of the stress in the word means we add a **H** in the middle to form **AR̲H̲OS-**; e.g., **Arhoswn ni** = *We('ll) stay/wait.*

WITSIAD (pronounced *WIT-shad*) is, aside from being a clear and obvious borrowing from '*wait*' in English, is also rather common, especially across the north. This is, however, not to be confused with **WATSIAD** (pronounced *WOT-shad*) which means '*to watch*.' **'Nei di witsiad am eiliad? Dw i'n watsaid hwn!** = *Will you wait a second? I'm watching this!*

Finally, I had to afford an honorary mention to the literary third person singular present / future tense form of **AROS**, **ERYS**. I just think it's bloomin' beautiful.

BRAWDDEGAU ENGHREIFFTIOL
Sample Sentences

- **Dwni'm pwy sy'n <u>aros</u> yn y gwesty arall**
  = I dunno who's <u>staying</u> in the other hotel
- **'Sdim rhaid i ti <u>aros</u> amdanon ni**
  = You don't have to <u>wait</u> for us
- **Does neb eisiau <u>aros</u> am y bws nesaf**
  = No one wants to <u>wait</u> for the next bus
- **Ffeinda allan pwy oedd yn <u>aros</u> 'na, plîs**
  = Find out who was <u>staying</u> there, please
- **Mae hi'n hapus <u>aros</u> am gar newydd**
  = She's happy to <u>wait</u> for a new car

CWESTIYNAU ENGHREIFFTIOL
Sample Questions

- **Oes ots pwy fydd yn <u>aros</u> gyda ni?**
  = Is it any matter who'll be <u>staying</u> with us?
- **Am faint (wyt) ti 'di bod yn <u>aros</u> erbyn hyn?**
  = For how long have you been <u>waiting</u> now?
- **Tan pryd fyddwch chi'n <u>aros</u> yn y dref?**
  = Until when will you be <u>staying</u> in the town?

VERB TABLES: AROS

	Present / Future	Simple past	Conditional / Past habitual
1st sing.	Arhosa(f) i *I('ll) stay*	Arhosais i *I stopped*	Arhoswn i *I'd stay*
2nd sing.	Arhosi di *You'll stay*	Arhosaist ti *You stopped*	Arhoset ti *You'd stay*
3rd sing.	Erys ___ *___('ll) stay(s)*	Arhosodd ___ *___ stopped*	Arhosai ___ *___'d stay*
1st plu.	Arhoswn ni *We('ll) stay*	Arhoson ni *We stopped*	Arhosen ni *We'd stay*
2nd plu.	Arhoswch chi *You('ll) stay*	Arhosoch chi *You stopped*	Arhosech chi *You'd stay*
3rd plu.	Arhosan' nhw *They('ll) stay*	Arhoson' nhw *They stopped*	Arhosen' nhw *They'd stay*
Impersonal	Arhosir *One('ll) stay(s)*	Arhoswyd *One stopped*	Arhosid *One'd stay*
Imperative	Inf. / Sing. **Ar(h)os(a)**		Form. / Plu. **Arhoswch**

Arhosaf i	*I stay/wait*
	I'll stay/wait
Arhosai hi ddim	*She wouldn't stay/wait*
	She didn't used to stay/wait
Arhosoch chi?	*Did you stay?*
	Did you wait?

STOPIO

- *to stop*

GWYBODAETH | *Information*

Of all the verbs in this book that are clearly lifted straight from our neighbour's language, **STOPIO** has to be, for me at least, one of the most bonkers. I mean, look at it. It's like what a 5-year-old monoglot English child would say if you told them to guess what '*stop*' was after explaining that a lot of words (verbs) in Welsh end in **-io**!

If you're looking to denounce your use of terms borrowed from English, **ATAL** means '*to stop*' in the sense of '*to prevent*' something from happening. Check out the chapter on **PEIDIO** too. Despite Welsh having 'better' terms for '*to stop*,' most Welsh speakers find using the imperatives **STOPIA** and **STOPIWCH** hold better weight in speech due to it's ease of use.

Notice that the word **STOP** can also be seen in Welsh, but this refers only to the noun; '*a stop*.' At bus stops in Wales, you'll see **safle bysiau/bysus**, with **safle** literally translating as a '*standing place*.' A '*full stop*' in Welsh is **atalnod llawn**, with **atalnod** being constructed from **atal** and **nod** (= *a character (i.e., a written mark), a note*).

BRAWDDEGAU ENGHREIFFTIOL
Sample Sentences

- **Mi fydda' i'n <u>stopio</u> ar ôl chwarter awr**
  = *I'll be <u>stopping</u> after quarter of an hour*
- **<u>Stopi</u>wch chwarae a gwrando am eiliad!**
  = *<u>Stop</u> playing and listen for a second!*
- **'Den ni angen <u>stopio</u> helpu nhw**
  = *We need to <u>stop</u> helping them*
- **Doedd y person ddim yn <u>stopio</u> rhedeg**
  = *The people wasn't <u>stopping</u> running*
- **Chafodd y lori mo'i <u>stopio</u>**
  = *The lorry wasn't <u>stopped</u>*

CWESTIYNAU ENGHREIFFTIOL
Sample Questions

- **Pam bod rhaid <u>stopio</u>'r gêm?**
  = *Why did/does the game have to <u>stop</u>?*
- **Oes rhaid i ni <u>stopio</u>'r cwmni rhag adeiladu?**
  = *Must we <u>stop</u> the company from building?*
- **Lle <u>stopi</u>th y bws nesa'?**
  = *Where will the bus <u>stop</u> next?*

VERB TABLES: STOPIO

	Present / Future	Simple past	Conditional / Past habitual
1st sing.	**Stopia(f) i** *I('ll) stop*	**Stopiais i** *I stopped*	**Stopiwn i** *I'd stop*
2nd sing.	**Stopi di** *You'll stop*	**Stopiaist ti** *You stopped*	**Stopiet ti** *You'd stop*
3rd sing.	**Stopith ___** *___ ('ll) stop(s)*	**Stopiodd ___** *___ stopped*	**Stopiai ___** *___ 'd stop*
1st plu.	**Stopiwn ni** *We('ll) stop*	**Stopion ni** *We stopped*	**Stopien ni** *We'd stop*
2nd plu.	**Stopiwch chi** *You('ll) stop*	**Stopioch chi** *You stopped*	**Stopiech chi** *You'd stop*
3rd plu.	**Stopian' nhw** *They('ll) stop*	**Stopion nhw** *They stopped*	**Stopien nhw** *They'd stop*
Impers.	**Stopir** *One('ll) stop(s)*	**Stopiwyd** *One stopped*	**Stopid** *One'd stop*
Imperative	Inf. / Sing. **Stopia**		Form. / Plu. **Stopiwch**

Stopiaf i	*I stop*
	I'll stop
Stopiai hi ddim	*She wouldn't stop*
	She didn't used to stop
Stopioch chi?	*Did you stop?*

GWEITHIO

- *to work*
- *to operate*

GWYBODAETH | *Information*

As nouns and verbs in English are often exactly the same verb, one of the most common hiccups that English-speaking Welsh-learners make is knowing the difference between **GWAITH** (noun; = *(some) work*) and **GWEITHIO** (verb; = *work(ing)*). The same sort of thing happens with **HELP** vs **HELPU** and **DIOD** vs **YFED** (which are, respectively, the noun and verb versions of *'help'* and *'drink'*).

Gweithgar (literally *loving of work*) means *'hard-working,'* and **gweithgaredd(au)** is *'an activity/activities'*.

Stay on your toes with **GWAITH** as it can also suggest *'an occasion'* or *'a time.'* **UNWAITH** = *once / one time*, **DWYWAITH** = *twice / three times*, etc. You might also now understand why **(G)WEITHIAU** (literally, *times / occasions*) is used to express *'sometimes'* in Welsh. Don't ask why we use the feminine numbers with **DWYWAITH**, **PEDAIR GWAITH**, etc, when **GWAITH** is a masculine noun!

BRAWDDEGAU ENGHREIFFTIOL
Sample Sentences

- **Mi fasai'n <u>gweithio</u> 'taset ti'n trïo**
  = It'd <u>work</u> if you were to try
- **Bydd rhaid helpu i 'neud iddo <u>weithio</u>**
  = One'll have to help to make it <u>work</u>
- **Gawn ni weld pwy wneith <u>weithio</u> i ni**
  = Let's see who'll <u>work</u> for us
- **<u>Weith</u>ith Owen ddim am y cyflog 'na**
  = Owen won't <u>work</u> for that wage
- **<u>Gweith</u>ies i'n galed iawn arno**
  = I <u>worked</u> very hard on it

CWESTIYNAU ENGHREIFFTIOL
Sample Questions

- **Wneith hwnna <u>weithio</u>?**
  = Will that <u>work</u>?
- **Pwy sy'n <u>gweithio</u> yn y swyddfa?**
  = Who's <u>working</u> in the office?
- **<u>Weith</u>ion nhw i ti?**
  = Did they <u>work</u> for you?

VERB TABLES: GWEITHIO

	Present / Future	Simple past	Conditional / Past habitual
1st sing.	Gweithia(f) i *I('ll) work*	Gweithiais i *I worked*	Gweithiwn i *I'd work*
2nd sing.	Gweithi di *You('ll) work*	Gweithiaist ti *You worked*	Gweithiet ti *You'd work*
3rd sing.	Gweithith ___ *___ ('ll) work(s)*	Gweithiodd ___ *___ worked*	Gweithiai ___ *___ 'd work*
1st plu.	Gweithiwn ni *We('ll) work*	Gweithion ni *We worked*	Gweithien ni *We'd work*
2nd plu.	Gweithiwch chi *You('ll) work*	Gweithioch chi *You worked*	Gweithiech chi *You work*
3rd plu.	Gweithian nhw *They('ll) work*	Gweithion nhw *They worked*	Gweithien nhw *They'd work*
Impers.	Gweithir *One('ll) work(s)*	Gweithiwyd *One worked*	Gweithid *One'd work*

Imperative	Inf. / Sing. **Gweithia**	Form. / Plu. **Gweithiwch**

Gweithiaf i	*I work*
	I('ll) work
Weithiai hi ddim	*She wouldn't work*
	She didn't used to work
Weithioch chi?	*Did you work?*

DEALL
DALLT

- *to understand*
- *to comprehend*

GWYBODAETH | *Information*

A staple for all Welsh learners, **DEALL** was first attested to the 13th century, with **DALLT** following a century-or-so later. I'm led to believe it derives from terms amounting to 'to hold one's ability,' which is super cool.

A quick note on pronunciation: Whereas **DALLT** is always said as *DAA-llt*, **DEALL** can be heard as both *DEE-all* (southern) and *DAY-all* (northern).

I've always loved the word **dealltwriaeth** (= *an understanding, comprehension*) as it always seemed to me to encompass both variants. Cool, huh?

These days, **DEALL** is the standard form and is common across southern dialects. **DALLT** tends to be heard far more regularly across both of north Wales' dialects.

We can form an adjective via **DEALLADWY** (= *understandable*), with its negative appearing as **ANNEALLADWY** (= *not understandable, incomprehensible*).

BRAWDDEGAU ENGHREIFFTIOL
Sample Sentences

- **Maen nhw'n <u>deall</u> pob un o'r sylwadau**
  = *They <u>understand</u> each of the comments*
- **Does neb yn <u>dallt</u> be' sy'n digwydd**
  = *No one <u>understands</u> what's happening*
- **Ro'n i'n <u>deall</u> be' oedd hi'n siarad amdano**
  = *I <u>understood</u> what she was talking about*
- **D<u>deall</u>ais i mohono, yn anffodus**
  = *I <u>understood</u> none of it, unfortunately*
- **Mi fasai hi'n anodd (ei) <u>deall</u>, dw i'n meddwl**
  = *She'd be difficult to <u>understand</u>, I think*

CWESTIYNAU ENGHREIFFTIOL
Sample Questions

- **Ti'n meddwl basen ni'n <u>deall</u> ein gilydd?**
  = *Do you think we'd <u>understand</u> each other?*
- **Pam nad oeddet ti'n <u>deall</u> y cwestiwn?**
  = *Why didn't you <u>understand</u> the question?*
- **Wyt ti'n <u>dallt</u> be' dw i'n dd'eud?**
  = *Do you <u>understand</u> what I'm saying?*

VERB TABLES: DEALL

	Present / Future	Simple past	Conditional / Past habitual
1st sing.	**Dealla(f) i** *I('ll) understand*	**Deallais i** *I understood*	**Deallwn i** *I'd understand*
2nd sing.	**Dealli di** *You('ll) understand*	**Deallaist ti** *You understood*	**Deallet ti** *You'd understand*
3rd sing.	**Deallith __** *__('ll) understand(s)*	**Deallodd __** *__ understood*	**Deallai __** *__'d understand*
1st plu.	**Deallwn ni** *We('ll) understand*	**Deallon ni** *We understood*	**Deallen ni** *We'd understand*
2nd plu.	**Deallwch chi** *You('ll) understand*	**Dealloch chi** *You understood*	**Deallech chi** *You'd understand*
3rd plu.	**Defnyddian' nhw** *They('ll) understand*	**Deallon nhw** *They understood*	**Deallen nhw** *They'd understand*
Impers.	**Deellir** *One('ll) understand(s)*	**Deallwyd** *One understood*	**Deellid** *One'd understand*
Imperative	Inf. / Sing. **Deall(a)**		Form. / Plu. **Deallwch/Deellwch**

Deallaf i	*I understand*
	I'll understand
Ddeallai hi ddim	*She wouldn't understand*
	She didn't used to understand
Ddealloch chi?	*Did you understand?*

116

METHU

- *to fail*
- *cannot**

GWYBODAETH | *Information*

Although strictly meaning *'to fail,'* **METHU** also suggests *'to be unable to (complete an action),'* and, for me, this is where it comes into its own. Don't feel like saying **'dydw i ddim yn gallu'**? **Dw i methu** will do the job.

What's cool about using a word that equates to *'failing to'* instead of straight up saying *'can't'* is that *'failing'* suggests only a temporary obstruction, rather than a terminal sticking point. See, us Welsh can be confident when we want to be! Check out some examples of this in the next section overleaf.

In more literary and formal settings, **METHU** is often followed by the prepositions **ar, â/ag** or **gan**; **methu *ar* ddyledion** means *'to fail on (repaying one's) debts.'* **Methiant** (plu. **methiannau**) means *'a failure.'*

In addition to **COLLI** and **GWELD EISIAU** (both covered in this book), **METHU** can suggest *'to miss'* something or someone; **wnes i fethu'r bws gyna** = *I missed the bus earlier*.

BRAWDDEGAU ENGHREIFFTIOL
Sample Sentences

- **Trïais, ond <u>meth</u>ais**
  = *I tried, but I <u>failed</u>*
- **Ro'n i'n <u>methu</u> ti tra o't ti i ffwrdd**
  = *I was <u>missing</u> you whilst you were away*
- **Dw i wir yn credu 'neith Owen <u>fethu</u>'r prawf**
  = *I really (that) believe Owen will fail the test*
- **Dw i <u>methu</u> aros i fynd ar wyliau**
  = *I <u>can't</u> wait to go on holiday*
- **<u>Meth</u>odd y cyngor ar ffurfio cytundeb**
  = *The council <u>failed</u> at forming an agreement*

CWESTIYNAU ENGHREIFFTIOL
Sample Questions

- **'Nest ti <u>fethu</u>'r bws, felly?**
  = *Did you <u>miss</u> the bus, then?*
- **Pam ti <u>methu</u> helpu ni?**
  = *Why <u>can't</u> you help us?*
- **Sut wnaeth o <u>fethu</u>'r gôl o fan'na?**
  = *How did he <u>miss</u> the goal from there*

VERB TABLES: METHU

	Present / Future	Simple past	Conditional / Past habitual
1st sing.	Metha(f) i *I('ll) fail*	Methais i *I failed*	Methwn i *I'd fail*
2nd sing.	Methi di *You('ll) fail*	Methaist ti *You failed*	Methet ti *You'd fail*
3rd sing.	Methith ___ *___ ('ll) fail(s)*	Methodd ___ *___ failed*	Methai ___ *___ 'd fail*
1st plu.	Methwn ni *We('ll) fail*	Methon ni *We failed*	Methen ni *We'd fail*
2nd plu.	Methwch chi *You('ll) fail*	Methoch chi *You failed*	Methech chi *You'd fail*
3rd plu.	Methan' nhw *They('ll) fail*	Methon nhw *They failed*	Methen nhw *They'd fail*
Impersonal	Methir *One('ll) fail(s)*	Methwyd *One failed*	Methid *One'd fail*
Imperative	Inf. / Sing. **Metha**	Form. / Plu. **Methwch**	

Methaf i	*I fail*
	I'll fail
Fethai hi ddim	*She wouldn't fail*
	She didn't used to fail
Fethoch chi?	*Did you fail?*

GWELD

- *to see*

GWYBODAETH | *Information*

One of the coolest things about **GWELD** is how its stem (for when we add endings to it) is simply **GWEL-**. You've seen **CERDD<u>ED</u>** and **YF<u>ED</u>** drop their **-ED** endings... well, **GWELD** used to be **GWEL*ED*** but we just got too lazy to say it. You'll still hear **GWELED** in literary and Biblical forms, mind.

Other terms incorporating **GWELD** include; **YM<u>WELD</u> (Â/AG)** = *to visit*, **CYF<u>WELD</u>** = *to interview*, **CYF<u>WELI</u>AD** = *an interview*, **RHAG<u>WELD</u>** = *to foresee, to anticipate*, **ANGHYD<u>WELD</u>** = *to disagree*, as well as its use in modern computer programmes and applications in place of where English might use '*View*.' I'm actually staring at the word **GWELD** right now as I write this on my Welsh-language version of Microsoft Word... but I'm certain that won't mean I make any silly speeling mistakes.

It seems as though it was no accident to follow **METHU** with **GWELD** in this book, especially given that both can express '*to miss [a person/thing]*'; **Dw i'n methu ti** & **Dw i'n gweld eisiau ti** = *I miss you*. Notice how **EISIAU** is linked with **GWELD** in this instance, forming a literal translation of '*I'm seeing a want/need of you*.' Rather poetic, I reckon.

BRAWDDEGAU ENGHREIFFTIOL
Sample Sentences

- **Dydyn nhw ddim wedi <u>gweld</u> y rhaglen 'ma**
  = They haven't <u>seen</u> this programme
- **Mi <u>wel</u>ais jac-y-do, yn eistedd ar ben to**
  = I <u>saw</u> a jackdaw, sitting on the top of a roof
- **Wnes i <u>weld</u> y bobl oedd yn gweithio**
  = I <u>saw</u> the people who were working
- **<u>Wel</u>ith neb mohonyn nhw yn y ddinas 'ma**
  = No one will <u>see</u> them in this city
- **<u>Wel</u>a' i chi yn y p'nawn**
  = I'll <u>see</u> you in the afternoon

CWESTIYNAU ENGHREIFFTIOL
Sample Questions

- **Fasai hi wedi <u>gweld</u> y ffilm eto?**
  = Would she have <u>seen</u> the film yet?
- **Wyt ti newydd <u>weld</u> Owen yn y car?**
  = Have you just <u>seen</u> Owen in the car?
- **Pwy ti'n meddwl wnei di <u>weld</u> yna?**
  = Who do you think you'll <u>see</u> there?

VERB TABLES: GWELD

	Present / Future	Simple past	Conditional / Past habitual
1st sing.	Gwela(f) i *I('ll) see*	Gwelais i *I saw*	Gwelwn i *I'd see*
2nd sing.	Gweli di *You('ll) see*	Gwelaist ti *You saw*	Gwelet ti *You'd see*
3rd sing.	Gwelith ___ *___ ('ll) see(s)*	Gwelodd ___ *___ saw*	Gwelai ___ *___ 'd see*
1st plu.	Gwelwn ni *We('ll) see*	Gwelon ni *We saw*	Gwelen ni *We'd see*
2nd plu.	Gwelwch chi *You('ll) see*	Gweloch chi *You saw*	Gwelech chi *You'd see*
3rd plu.	Gwelan' nhw *They('ll) see*	Gwelon nhw *They saw*	Gwelen nhw *They'd see*
Impersonal	Gwelir *One sees*	Gwelwyd *One saw*	Gwelid *One'd see*
Imperative	Inf. / Sing. **Gwela**		Form. / Plu. **Gwelwch**

Gwelaf i	*I see*
	I'll see
Welai hi ddim	*She wouldn't see*
	She didn't used to see
Weloch chi?	*Did you see?*

GWYLIO

- *to watch*

GWYBODAETH | *Information*

If I had a pound for every time my school students have said or have written **GWYLIAU** (= *holiday(s)*) instead of **GWYLIO**, I wouldn't have to write silly books like this one. Oh, and as I tell the kids, in Welsh we *watch* stuff with *one eye* as they're forever spelling it **GWILIO**. Get it? One *eye*... one '*i*'? I'll show myself out.

GWYLIADWRUS = *alert, cautious, vigilant*, **GWYLIADWRAETH** = *surveillance*, **GWYLWYR** = *viewers*, **GWYLIEDYDD** = *a bystander*, **GWYLIWR Y GLANNAU** = *(a) coastguard*.

Finally, remember back when we looked at how **AROS** is often replaced with **WITSIO** and/or **WITSIAD** in northern dialects? Well, hold onto something and brace yourself for **WATSIO** and **WATSIAD**. Pronounced as *WOT-shoh* and *WOTsh-ad* respectively, yet another lifting from English has yielded yet another crazy yet oh-so-common term that you'll definitely hear. In writing, people are tending to stick with **GWYLIO**, mind.

BRAWDDEGAU ENGHREIFFTIOL
Sample Sentences

- **Roeddwn i am <u>wylio</u>'r rhaglen ar S4C**
  = *I was gonna <u>watch</u> the programme on S4C*
- **Fe ddylet ti <u>wylio</u>'r ffilm newydd sy' mas**
  = *You should <u>watch</u> the new film that's out*
- **Mi wnaethon nhw <u>wylio</u>'r gêm yn Wrecsam**
  = *They <u>watch</u>ed the game in Wrecsam*
- **Dw i'n caru <u>gwylio</u> ffilmiau Ryan Reynolds**
  = *I love <u>watching</u> Ryan Reynolds' films*
- **Ro'n i'n meddwl bo' ti'n <u>gwylio</u> S4C**
  = *I thought you were <u>watching</u> S4C*

CWESTIYNAU ENGHREIFFTIOL
Sample Questions

- **Hoffech chi <u>wylio</u>'r teledu gyda fi?**
  = *Would you like to <u>watch</u> the TV with me?*
- **Wyt ti'n <u>gwylio</u> *It's Always Sunny*?**
  = *Do you <u>watch</u> It's Always Sunny?*
- **Am faint ti 'di bod yn (ei) <u>wylio</u>?**
  = *For how long have you been <u>watching</u> it?*

VERB TABLES: GWYLIO

	Present / Future	Simple past	Conditional / Past habitual
1st sing.	Gwylia(f) i *I('ll) watch*	Gwyliais i *I watched*	Gwyliwn i *I'd watch*
2nd sing.	Gweli di *You('ll) watch*	Gwelaist ti *You watched*	Gwyliet ti *You'd watch*
3rd sing.	Gwelith ___ *___ ('ll) watch(es)*	Gwelodd ___ *___ watched*	Gwyliai ___ *___ 'd watch*
1st plu.	Gwelwn ni *We('ll) watch*	Gwelon ni *We watched*	Gwylien ni *We'd watch*
2nd plu.	Gwelwch chi *You('ll) watch*	Gweloch chi *You watched*	Gwyliech chi *You'd watch*
3rd plu.	Gwelan' nhw *They('ll) watch*	Gwelon nhw *They watched*	Gwylien nhw *They'd watch*
Impers.	Gwelir *One watch*	Gwelwyd *One watched*	Gwylid *One'd watch*
Imperative	Inf. / Sing. **Gwylia**		Form. / Plu. **Gwyliwch**

Gwyliaf i	*I watch*
	I'll watch
Wyliai hi ddim	*She wouldn't watch*
	She didn't used to watch
Wylioch chi?	*Did you watch?*

EDRYCH

- *to look*

GWYBODAETH | *Information*

Perhaps it's apt that *'a mirror'* in Welsh – i.e., something into which you *look* – is **DRYCH**. Having said that, they probably just derive from the same term. Let me check. Hold on... yep. They're related.

Actually, in speech you'll hear many people drop the initial **E**; especially when giving commands via **'DRYCHA** and **'DRYCHWCH**. If you're up north, don't be surprised to hear **EDRYCH** get replaced by **SBÏO** (= *to spy*); **Sbïa ar hwnna!** = *Look* at that!, **Pam wyt ti'n sbïo arna' i?** = *Why are you looking at me?*

Itself deriving from **GWYLIO** (= *to watch*), many southern dialects actually use **DISGWYL** (= *to expect*) to mean *'to look.'*

Much like how **YN** must follow **SWNIO** (= to sound) to create sentences like **mae'n swnio'n wych!** (= *it sounds great!*), so too must **EDRYCH** add an **YN** after it; **mae'n edrych yn ddiflas!** (= *it looks boring/miserable!*)

Some dialects use **'EDRYCH (AR)'** to suggest *'to watch'* – this one's grinds on me a tad!

BRAWDDEGAU ENGHREIFFTIOL
Sample Sentences

- **Nag oes, dw i ddim isio <u>edrych</u> ar dy droed**
  = No, I don't want to <u>look</u> at your foot
- **Dydy'r bwyd 'na ddim yn <u>edrych</u> yn neis**
  = That food doesn't <u>look</u> nice
- **Byddwn i'n <u>disgwyl</u> ymlaen at dy weld di**
  = I'll be <u>looking</u> forward to seeing you
- **Do'n i'm yn <u>edrych</u> ymlaen ato o gwbl**
  = I wasn't <u>looking</u> forward to it at all
- **<u>Sbïwch</u> ar yr anifeiliaid yn cysgu**
  = <u>Look</u> at the animals sleeping

CWESTIYNAU ENGHREIFFTIOL
Sample Questions

- **Fedri di <u>edrych</u> yn y car am fy ffôn?**
  = Can you <u>look</u> in the car for my phone?
- **Sut mae'n <u>edrych</u> mor dda â hynny?**
  = How does it <u>look</u> as good as that?
- **Ddaru ti <u>edrych</u> yn yr oergell?**
  = Did you <u>look</u> in the refrigerator?

VERB TABLES: EDRYCH

	Present / Future	Simple past	Conditional / Past habitual
1st sing.	Edrycha(f) i *I('ll) look*	Edrychais i *I looked*	Edrychwn i *I'd look*
2nd sing.	Edrychi di *You('ll) look*	Edrychaist ti *You looked*	Edrychet ti *You'd look*
3rd sing.	Edrychith ___ *___ ('ll) look(s)*	Edrychodd ___ *___ looked*	Edrychai ___ *___ 'd look*
1st plu.	Edrychwn ni *We('ll) look*	Edrychon ni *We looked*	Edrychen ni *We'd look*
2nd plu.	Edrychwch chi *You('ll) look*	Edrychoch chi *You looked*	Edrychech chi *You'd look*
3rd plu.	Edrychan' nhw *They('ll) look*	Edrychon nhw *They looked*	Edrychen nhw *They'd look*
Impers.	Edrychir *One('ll) look(s)*	Edrychwyd *One looked*	Edrychid *One'd look*
Imperative	Inf. / Sing. **Edrycha**		Form. / Plu. **Edrychwch**

Edrychaf i	*I look*
	I('ll) look
Edrychai hi ddim	*She wouldn't look*
	She didn't used to look
Edrychoch chi?	*Did you look?*

MWYNHAU

- *to enjoy*

GWYBODAETH | *Information*

The derivation of **MWYNHAU** (= *to enjoy*) is from **MWYN** (= *mild*) + **-HAU** (which creates a verbal noun from a verbal root... or so I'm told!). Essentially, when uttering **MWYNHAU**, you're actually saying that something brings you *mild* or *gentle feelings*.

Much like verbs such as **GLANHAU** (= *to clean*), **LLEIHAU** (= *to reduce, to lessen*), and **DADLAU** (= *to argue*), you'll find that adding extra syllables transforms the **–(H)AU** ending to **–(H)EU**. In the literary language, however, this 'rule-of-thumb' doesn't get you very far at all. Having said that, the modern language has seemingly clung to it as a blanket rule and you'll still often spot people preferring to write **mwynheuais** over **mwynheais** (= *I enjoyed*)... myself included! It's the **-EU-** terms I've (largely) chosen to use in the upcoming Verb Tables section.

The most common occasions I encounter this word are either when people bid '*enjoy!*' to one another prior to an event, or when school students think they're totally revamping their opinions by using it over **HOFFI**.
In truth, you're far more likely in this day and age to hear natives saying **JOIO** instead; morphing into **JOIA** and **JOIWCH** as commands. It's even conjugated these days to stuff like **joies i hwnna** (= *I enjoyed that*).

MWYNHAD is the noun '*(an) enjoyment*,' and **MWYNHAOL** and **MWYNHAUS** are adjectives meaning '*enjoyable*.'

BRAWDDEGAU ENGHREIFFTIOL
Sample Sentences

- **Credaf y <u>mwynheui</u> di**
  = *I believe you'll <u>enjoy</u> (it)*
- **Fydd Owen ddim wedi <u>mwynhau</u> hwnna**
  = *Owen won't have <u>enjoyed</u> that*
- **<u>Joi</u>a dy wyliau yn Aberystwyth**
  = *<u>Enjoy</u> your holiday(s) in Aberystwyth*
- **Do'n i ddim yn <u>mwynhau</u>'r pryd o fwyd 'na**
  = *I didn't <u>enjoy</u> that meal*
- **Wnaeth pawb <u>fwynhau</u> mas draw**
  = *Everyone <u>enjoyed</u> (it) a lot*

CWESTIYNAU ENGHREIFFTIOL
Sample Questions

- **Beth ti'n meddwl wnei di <u>fwynhau</u> amdano?**
  = *What do you think you'll <u>enjoy</u> about it?*
- **Pam 'dych chi'n ei <u>fwynhau</u> gymaint?**
  = *Why do you <u>enjoy</u> it so much?*
- **<u>Fwynheu</u>och chi yn y parti noson o'r blaen?**
  = *Did you <u>enjoy</u> the party the other night?*

VERB TABLES: MWYNHAU

	Present / Future	Simple past	Conditional / Past habitual
1st sing.	Mwynheua(f) i *I('ll) enjoy*	Mwynheuais i *I enjoyed*	Mwynheuwn i *I'd enjoy*
2nd sing.	Mwynheui di *You('ll) enjoy*	Mwynheuaist ti *You enjoyed*	Mwynheuet ti *You'd enjoy*
3rd sing.	Mwynheuith ___ *___ ('ll) enjoy(s)*	Mwynheuodd ___ *___ enjoyed*	Mwynheuai ___ *___ 'd enjoy*
1st plu.	Mwynheuwn ni *We('ll) enjoy*	Mwynheuon ni *We enjoyed*	Mwynheuen ni *We'd enjoy*
2nd plu.	Mwynheuwch chi *You('ll) enjoy*	Mwynheuoch chi *You enjoyed*	Mwynheuech chi *You'd enjoy*
3rd plu.	Mwynheuan nhw *They('ll) enjoy*	Mwynheuon nhw *They enjoyed*	Mwynheuen nhw *They'd enjoy*
Impers.	Mwynheir *One('ll) enjoy(s)*	Mwynhawyd *One enjoyed*	Mwynheid *One'd enjoy*
Imperative	Inf. / Sing. **Mwynha**		Form. / Plu. **Mwynhewch**

Mwynheuaf i	*I enjoy*
	I'll enjoy
Fwynheuai hi ddim	*She wouldn't enjoy*
	She didn't used to enjoy
Fwynheuoch chi?	*Did you enjoy?*

CASÁU

- *to hate*
- *to detest*
- *to loathe*

GWYBODAETH | *Information*

Strong word, this... right? Right? Ok, so that was a rather poor attempt at a joke. What's not a joke, however, is how important it is to pay attention whilst I explain this word.

Similar to its antonym, **HOFFI** (= *to like*), *hating* something is regarded as something more continuous and uses constructions such as **roeddwn i'n casáu** (= *I was hating*) far more readily than **caseais i** (= *I hated*). Despite this, I've ventured to include the conjugations for **CASÁU** after the Sample Sentences and Questions.

Our root-word with **CASÁU** is **CAS**, which is actually how we express '*nasty*,' 'hateful,' and '*unkind*.' It's also used in constructions like **dy gas ___ ydy** (= *your least favourite___ is*) and **ei chas ___ ydy** (= *her least favourite ___ is*), etc. You'll likely encounter the noun **CASINEB** (= *hatred*) on your learning journey too.
In addition to **dw i'n casáu** (= *I hate*), you'll also see and hear **mae'n gas gen i / (gy)da fi**. In truth, this structure might be considered stronger than simply saying **dw i'n casáu**, but it essentially means the same thing.

Although it's strictly necessary in standard Welsh, don't be surprised to see people leaving out the acute accent (´) on the second **A**.

BRAWDDEGAU ENGHREIFFTIOL
Sample Sentences

- **Does neb wir yn <u>casáu</u> dysgu Cymraeg**
  = *No one really <u>hates</u> learning Welsh*
- **Paid â dweud dy fod di'n eu <u>casáu</u> nhw**
  = *Don't say that you <u>hate</u> them*
- **Well i ti ddechrau caru yn lle <u>casáu</u>**
  = *You'd better start loving instead of <u>hating</u>*
- **'Swn i'n <u>casáu</u> gor'o' deffro'n gynnar**
  = *I'd <u>hate</u> to have to wake up early*
- **Ro'n i'n <u>casáu</u>'r ysgol pan o'n i'n ifanc**
  = *I <u>hated</u> school when I was young*

CWESTIYNAU ENGHREIFFTIOL
Sample Questions

- **Pam 'dych chi'n ei <u>chasáu</u> hi gymaint?**
  = *Why do you <u>hate</u> it/her so much?*
- **Pwy ddudodd bo' nhw'n <u>casáu</u> llysiau?**
  = *Who said they <u>hate(d)</u> vegetables?*
- **Ti'm wir yn <u>casáu</u> pêl-droed, nag wyt?**
  = *You don't really <u>hate</u> football, do you?*

VERB TABLES: CASÁU

	Present / Future	Simple past	Conditional / Past habitual
1st sing.	**Casâ(f) i** *I('ll) hate*	**Caseais i** *I hated*	**Casawn i** *I'd hate*
2nd sing.	**Casei di** *You('ll) hate*	**Caseaist ti** *You hated*	**Casait ti** *You'd hate*
3rd sing.	**Casâ ___** *___ ('ll) hate(s)*	**Casaodd ___** *___ hated*	**Casâi ___** *___ 'd hate*
1st plu.	**Casawn ni** *We('ll) hate*	**Casaon ni** *We hated*	**Casaen ni** *We'd hate*
2nd plu.	**Casewch chi** *You('ll) hate*	**Casaoch chi** *You hated*	**Casaech chi** *You'd hate*
3rd plu.	**Casân' nhw** *They('ll) hate*	**Cawson nhw** *They hated*	**Casaen' nhw** *They'd hate*
Impersonal	**Caseir** *One('ll) hate(s)*	**Casawyd** *One hated*	**Caseid** *One'd hate*
Imperative	Inf. / Sing. **Casâ**	Form. / Plu. **Casewch**	

Casâf i	*I hate*
	I'll hate
Chasâi hi ddim	*She wouldn't hate*
	She didn't used to hate
Gasaoch chi?	*Did you hate?*

HELPU

- *to help*
- *to aid*
- *to assist*
- *to alleviate*

GWYBODAETH | *Information*

This one's a decent one to have in the arsenal as a learner... or if you ever find yourself stranded or in some sort of (probably alcohol-infused) trouble.

The noun (i.e., *'(some) help'*) is just **HELP**. Learners often mix these up as English doesn't differentiate between the verb and the noun in this case (and in many others). A good way to remember the difference is by committing the following phrases to memory; **ga' i helpu?** (= *may I help?*) and **ga' i help?** (= *may I have (some) help/aid?*).

Making non-north-easterners cringe since days of yore, **HELPIO** is still heard today if one listens hard enough.

The standard term for *'to help'* is **CYNORTHWYO**, which always makes me laugh because the standard noun is **CYMORTH**. Why one uses an **N** and the other an **M** will forever fascinate me. It's via this term you'll also find **CYNORTHWYOL** (= *helpful*). Don't ask me why the **M** has morphed into an **N** in this word. I do know why... I'm just not explaining it here!

BRAWDDEGAU ENGHREIFFTIOL
Sample Sentences

- **Wel, dydy hwnna ddim yn <u>helpu</u> o gwbl**
  = *Well, that isn't <u>helping</u> at all*
- **Dw i'n siŵr wneith Owen <u>helpu</u>**
  = *I'm sure Owen will <u>help</u>*
- **<u>Help</u>wn ni'n cario'r bocsys 'na**
  = *We'll <u>help</u> to carry those boxes*
- **Ddaru neb <u>helpu</u> efo'r gwaith ddoe**
  = *No one <u>help</u>ed with the work yesterday*
- **Pobl dda sy'n <u>helpu</u> eraill**
  = *(It's) good people (who) <u>help</u> others*

CWESTIYNAU ENGHREIFFTIOL
Sample Questions

- **Sut mae hwnna i fod i <u>helpu</u>?**
  = *How's that supposed to <u>help</u>?*
- **Wyt ti'n mynd i <u>helpu</u>'r cymdogion heddiw?**
  = *Are you gonna <u>help</u> the neighbours today?*
- **Wnaeth Llŷr drïo <u>helpu</u> ni, i fod yn deg**
  = *Llŷr tried to <u>help</u> us, to be fair*

VERB TABLES: HELPU

	Present / Future	Simple past	Conditional / Past habitual
1ˢᵗ sing.	**Helpa(f) i** *I('ll) help*	**Helpais i** *I helped*	**Helpwn i** *I'd help*
2ⁿᵈ sing.	**Helpi di** *You('ll) help*	**Helpaist ti** *You helped*	**Helpet ti** *You'd help*
3ʳᵈ sing.	**Helpith ___** *___ ('ll) help(s)*	**Helpodd ___** *___ helped*	**Helpai ___** *___ 'd help*
1ˢᵗ plu.	**Helpwn ni** *We('ll) help*	**Helpon ni** *We helped*	**Helpen ni** *We'd help*
2ⁿᵈ plu.	**Helpwch chi** *You('ll) help*	**Helpoch chi** *You helped*	**Helpech chi** *You'd help*
3ʳᵈ plu.	**Helpan nhw** *They('ll) help*	**Helpon nhw** *They helped*	**Helpen nhw** *They'd help*
Impers.	**Helpir** *One('ll) help(s)*	**Helpwyd** *One helped*	**Helpid** *One'd help*
Imperative	Inf. / Sing. **Helpa**		Form. / Plu. **Helpwch**

Helpaf i	*I help*
	I'll help
Helpai hi ddim	*She wouldn't help*
	She didn't used to help
Helpoch chi?	*Did you help?*

FFEINDIO

- *to find*

GWYBODAETH | *Information*

As much as it's always somewhat of a shame to borrow so heavily from other languages, I'm certainly one for embracing evolution. Having said that, I'd never forgive myself were I not to inform you that the 'traditional' way to express *to find* in Welsh is **DOD O HYD (I)**; literally *'to come the extent to/for.'* Yes, it's a little odd looking as a direct translation into English, but its connotations to the fluent speaker are simply gorgeous.

A large reason why many speakers are ditching **DOD O HYD (I)** for **FFEINDIO** is that **DOD** is an irregular verb, rendering sentences like '*I found them*' as '**Des o hyd iddyn nhw**.' Still cool, mind!

A quick extra note on **DOD O HYD (I)**: As **FFEINDIO** is a rather recent and colloquial borrowing, the impersonal terms do not exist. Notice, on the verb table, these terms are not included.

Variations on **FFEINDIO** include **FFINDO** (southern), **FFINDIO** (most dialects), and **FFEINDO** (southern).

BRAWDDEGAU ENGHREIFFTIOL
Sample Sentences

- **Dw i'n trïo <u>ffeindio</u> gwaith fi**
  = *I'm trying to <u>find</u> my work*
- **Wneiff e <u>ffindo</u> fe yn y diwedd**
  = *He'll <u>find</u> it in the end*
- **'Sdim gobaith o <u>ffeindio</u> hwnna rŵan**
  = *There's no hope of <u>finding</u> that now*
- **Gobeithio medra' i d<u>dod o hyd</u> i chi**
  = *Hopefully I can <u>find</u> you*
- **Rhaid bod ti 'di <u>ffeindio</u>'r peth erbyn hyn**
  = *You must have <u>found</u> the thing by now*

CWESTIYNAU ENGHREIFFTIOL
Sample Questions

- **Ti'n meddwl wnawn ni <u>ffeindio</u> hi?**
= *Do you think we'll <u>find</u> her/it?*
- **Wnei di helpu fi i <u>ffeindio</u>'r bochdew?**
  = *Will you help me to <u>find</u> the hamster?*
- **Beth oeddet ti'n ceisio <u>ffeindio</u>?**
  = *What were you trying to <u>find</u>?*

VERB TABLES: FFEINDIO

	Present / Future	Simple past	Conditional / Past habitual
1st sing.	**Ffeindia(f) i** *I('ll) find*	**Ffeindiais i** *I found*	**Ffeindiwn i** *I'd find*
2nd sing.	**Ffeindi di** *You('ll) find*	**Ffeindiaist ti** *You found*	**Ffeindiet ti** *You'd find*
3rd sing.	**Ffeindith ___** *___('ll) find(s)*	**Ffeindiodd ___** *___ found*	**Ffeindiai ___** *___'d find*
1st plu.	**Ffeindiwn ni** *We('ll) find*	**Ffeindion ni** *We found*	**Ffeindien ni** *We'd find*
2nd plu.	**Ffeindiwch chi** *You('ll) find*	**Ffeindioch chi** *You found*	**Ffeindiech chi** *You'd find*
3rd plu.	**Ffeindian nhw** *They('ll) find*	**Ffeindion nhw** *They found*	**Ffeindien nhw** *They'd find*
Imperative	Inf. / Sing. **Ffeindia**		Form. / Plu. **Ffeindiwch**

Ffeindiaf i	*I find*
	I'll find
Ffeindiai hi ddim	*She wouldn't find*
	She didn't used to find
Ffeindioch chi?	*Did you find?*

GWRANDO

- *to listen*

GWYBODAETH | *Information*

Although we should be pronouncing this one as something akin to *GOORAN-doh* (with the *GOORAN-* part said as closely to a single syllable as possible), nowadays people tend to drop the *W* altogether and just say *GRAN-doh*. Note, however, that this is never done in writing.

For reasons into which I shan't delve here, the stem of **GWRANDO** is **GWRANDAW-**; **gwrandawais yn astud** = *I listened attentively*. Please note, too, that we listen *on* (something) in Welsh; **dw i'n gwrando ar y gân** = *I'm listening to the song*.

I may well have given the lecture when discussing **DARLLEN** (= *to read*) about how important reading Welsh as much as you can really is, but I'm going to hold back on pushing you into *listening* too much straight away as a learner. I'm not advocating not listening to radio shows and podcasts etc but be warned that 'third-person listening' is one of the most difficult skills to master when learning a language. Chances are you'll be listening to someone talking 1) from part-way into their conversation, 2) really quickly, 3) about something about which you have little knowledge or interest, 4) in a dialect different to yours, and 5) when they're not talking directly to you so social and physical cues aren't available. Just a friendly word-of-caution, that's all.

BRAWDDEGAU ENGHREIFFTIOL
Sample Sentences

- **Dw i wrth fy modd yn <u>gwrando</u> arni'n canu**
  = *I'm beside myself <u>listening</u> to her sing(ing)*
- **Ti jyst yn gor'o' <u>gwrando</u> ar honno**
  = *You just have to <u>listen</u> to that (one)*
- **<u>Gwrand</u>ewch ar y person fydd yn siarad**
  = *<u>Listen</u> to the person who'll be speaking*
- **Doeddet ti ddim i fod i <u>wrando</u> arnon ni**
  = *You weren't supposed to <u>listen</u> to us*
- **'Den ni'n <u>gwrando</u> efo clustiau ni**
  = *We <u>listen</u> with our ears*

CWESTIYNAU ENGHREIFFTIOL
Sample Questions

- **'Set ti'n meindio <u>gwrando</u> arna' i?**
  = *Would you mind <u>listening</u> to me?*
- **Pryd wnaethon ni <u>wrando</u> ar y radio?**
  = *When did we <u>listen</u> to the radio?*
- **<u>Wrand</u>awon nhw ar y podlediad newydd?**
  = *Did they <u>listen</u> to the new podcast?*

VERB TABLES: GWRANDO

	Present / Future	Simple past	Conditional / Past habitual
1st sing.	Gwrandawa(f) i *I('ll) listen*	Gwrandawais i *I listened*	Gwrandawn i *I'd listen*
2nd sing.	Gwrandewi di *You('ll) listen*	Gwrandawaist ti *You listened*	Gwrandawet ti *You'd listen*
3rd sing.	Gwrandawith ___ ___ *('ll) listen(s)*	Gwrandawodd ___ ___ *listened*	Gwrandawai ___ ___ *'d listen*
1st plu.	Gwrandawn ni *We('ll) listen*	Gwrandawon ni *We listened*	Gwrandawen ni *We'd listen*
2nd plu.	Gwrandewch chi *You('ll) listen*	Gwrandawoch chi *You listened*	Gwrandawech chi *You'd listen*
3rd plu.	Gwrandawan nhw *They('ll) listen*	Gwrandawon nhw *They listened*	Gwrandawen nhw *They'd listen*
Impers.	Gwrandeir *One('ll) listen(s)*	Gwrandawyd *One listened*	Gwrandewid *One'd listen*

| **Imperative** | Inf. / Sing. **Gwranda** | Form. / Plu. **Gwrandewch** | |

Gwrandawaf i	*I listen*
	I'll listen
Wrandawai hi ddim	*She wouldn't listen*
	She didn't used to listen
Wrandawoch chi?	*Did you listen?*

CLYWED

- *to hear*
- *to smell**

GWYBODAETH | *Information*

Don't be too surprised to *hear* (pun intended!) this one pronounced as *CLOO-wad*, *CLOW-ed*, *CLEEOO-wed* (et al) depending on the speaker's dialect. Don't be mad... Welsh wasn't meant to be easy!

Forming the stem of **CLYWED** can be a little confusing as it removes the **-ED** part, much like how **CERDD<u>ED</u>** (= *to walk*) – a verb you'll see next in this book – does the same. Although you may hear some learners and young speakers say "**clyw<u>ed</u>on ni**," we should always do our best the say "**clywon ni**" (= *we heard*).

CLYW is a noun used for '*hearing*' or '*earshot*'; **mi gollodd ei glyw** = *he lost his hearing*. If ever you read a Tweet from Doctor Cymraeg about how awesome Welsh is and you immediately was to shout '*hear hear*' in agreement, don't! Say **CLYWCH CLYWCH** instead. Lastly, **CLYWEDOL** is '*aural, auditory,*' and **CLYWEDOL** means '*audible.*'
It probably now makes total sense that the Welsh word for '*ear*' is **CLUST**. It's **CLUAS** in Gaelic.

I'm hoping you noticed the little * next to '*to smell*' on the previous page. I've been looking forward to explaining this one so much.
In English, one '*smells a smell*,' right? Well, in Welsh, we reckon that's just silly. We think it's way better to '*hear*' a smell; **wnest ti <u>glywed</u> yr arogl 'na?**' (= *did you <u>smell</u> that smell?*). You'll even hear stuff like '**wnest ti <u>glywed</u> hwnna?**' (literally, *did you <u>hear</u> that?*) when we're referring to a *smell*. In the case of the odd botty-cough after certain foods, you might just *smell* <u>and</u> *hear* those... making Welsh super efficient!

BRAWDDEGAU ENGHREIFFTIOL
Sample Sentences

- **Do'n i methu <u>clywed</u> dim byd**
  = I couldn't <u>hear</u> a thing
- **Roeddech chi i fod i <u>glywed</u> hwnna**
  = You were supposed to <u>hear</u> that
- **Duda os t'isio <u>clywed</u> y gân newydd 'na**
  = Say if you want to <u>hear</u> that new song
- **<u>Chlywes</u> i mo Owen wedyn**
  = I <u>heard</u> nothing of/from Owen afterwards
- **Dw i ddim isio <u>clywed</u> ei chyfweliad, diolch**
  = I don't want to <u>hear</u> her interview, thanks

CWESTIYNAU ENGHREIFFTIOL
Sample Questions

- **<u>Glywest</u> ti gân newydd y band 'ma?**
  = Did you <u>hear</u> this band's new song?
- **Wyt ti'n aros i <u>glywed</u> ganddyn nhw?**
  = Are you waiting to <u>hear</u> from them?
- **'Nei di dawelu tra dw i'n trïo <u>clywed</u> nhw?**
  = Will you quieten while I try to <u>hear</u> them?

VERB TABLES: CLYWED

	Present / Future	Simple past	Conditional / Past habitual
1st sing.	**Clywa(f) i** *I('ll) hear*	**Clywais i** *I heard*	**Clywn i** *I'd hear*
2nd sing.	**Clywi di** *You('ll) hear*	**Clywaist ti** *You heard*	**Clywet ti** *You'd hear*
3rd sing.	**Clywith ___** *___('ll) hear(s)*	**Clywodd ___** *___ heard*	**Clywai ___** *___ 'd hear*
1st plu.	**Clywn ni** *We('ll) hear*	**Clywon ni** *We heard*	**Clywen ni** *We'd hear*
2nd plu.	**Clywch chi** *You('ll) hear*	**Clywoch chi** *You heard*	**Clywech chi** *You'd hear*
3rd plu.	**Clywan nhw** *They('ll) hear*	**Clywon nhw** *They heard*	**Clywen nhw** *They'd hear*
Impersonal	**Clywir** *One('ll) hear(s)*	**Clywyd** *One heard*	**Clywid** *One'd hear*
Imperative	Inf. / Sing. **Clyw(a)**		Form. / Plu. **Clywch**

Clywaf i	*I hear*
	I'll hear
Chlywai hi ddim	*She wouldn't hear*
	She didn't used to hear
Glywoch chi?	*Did you hear?*

CERDDED

- *to walk*
- *to tread*

GWYBODAETH | *Information*

Even though **CERDDED** ultimately derives from *κραδάω* in Ancient Greek meaning '*I dance, I swing*,' no one's expecting you to change the way you *walk* in Wales... although strolling along our streets as if you're listening to a river dance might afford us all a good chuckle! Interestingly, the Ancient Greek term probably suggests that '*cho**r**eography*' shares a link with **CERDDED**.

If you find yourself using your Welsh in the north, hearing **CER'ED** or **CERDDAD** are their ways of making our language that little bit more challenging for non-locals.

As mentioned in the previous section with **CLYWED** (= *to hear*), be aware that **CERDDED**'s **-ED** ending will need to be removed when adding suffixes after it; **cerddwn i** = *I'd walk*.

CERDDWYR can be found on a number of signs around Wales equating to *pedestrians*, but literally it simply means *walkers*. The singular forms are **CERDDWR** and **CERDDWRAIG** (= *a male* and *female walker* respectively), which are also used in the term **cerddwr yn ei gwsg** and **cerddwraig yn ei chwsg**... Welsh's long-winded – yet awesome – way of saying '*sleepwalker*.'

BRAWDDEGAU ENGHREIFFTIOL
Sample Sentences

- **Mae pobl yn licio <u>cerdded</u> ar y llwybr 'ma**
  = *People like <u>walking</u> on this path*
- **Fyddwn ni ddim yn <u>cerdded</u> eto 'fory**
  = *We won't be <u>walking</u> again tomorrow*
- **'Swn i'n caru <u>cerdded</u> yr Wyddfa eto**
  = *I'd love to <u>walk</u> (up) Yr Wyddfa again*
- **Mae'n rhaid i ti <u>gerdded</u> i wella dy iechyd**
  = *You must <u>walk</u> to improve your health*
- **Fe <u>gerddaf</u> gyda thi**
  = *I('ll) <u>walk</u> with/alongside you*

CWESTIYNAU ENGHREIFFTIOL
Sample Questions

- **I le est ti i <u>gerdded</u> wsos d'wetha'?**
  = *To where did you go <u>walking</u> last week?*
- **Pryd wyt ti wedi <u>cerdded</u> yn Eryri?**
  = *When have you <u>walked</u> in Eryri?*
- **<u>Gerddan</u>' nhw ar hyd yr arfordir?**
  = *Would they <u>walk</u> along the coast?*

VERB TABLES: CERDDED

	Present / Future	Simple past	Conditional / Past habitual
1st sing.	Cerdda(f) i *I('ll) walk*	Cerddais i *I walked*	Cerddwn i *I'd walk*
2nd sing.	Cerddi di *You('ll) walk*	Cerddaist ti *You walked*	Cerddet ti *You'd walk*
3rd sing.	Cerddith ___ ___ *('ll) walk(s)*	Cerddodd ___ ___ *walked*	Cerddai ___ ___ *'d walk*
1st plu.	Cerddwn ni *We('ll) walk*	Cerddon ni *We walked*	Cerdden ni *We'd walk*
2nd plu.	Cerddwch chi *You('ll) walk*	Cerddoch chi *You walked*	Cerddech chi *You'd walk*
3rd plu.	Cerddan' nhw *They('ll) walk*	Cerddon nhw *They walked*	Cerdden nhw *They'd walk*
Impers.	Cerddir *One('ll) walk(s)*	Cerddwyd *One walked*	Cerddid *One'd walk*
Imperative	Inf. / Sing. **Cerdda**		Form. / Plu. **Cerddwch**

Cerddaf i	*I walk*
	I'll walk
Cherddai hi ddim	*She wouldn't walk*
	She didn't used to walk
Gerddoch chi?	*Did you walk?*

RHEDEG

- *to run*
- *to conjugate*

GWYBODAETH | *Information*

Much like its slower counterpart (**CERDDED** = *to walk*) from the previous section, **RHEDEG** also forms its stem in a slightly less 'regular' way than simply dropping a final vowel. Before adding an ending, remember to sacrifice the final -ED; **rhedon ni** = *we ran*, **rhedwch!** = *run!*, **redes i ddim** (= *I didn't run*), **redest ti'r ras?** (= *did you run the race?*).

RHEDEG is not confined to moving one's body in a quicker motion. Much like other languages, **RHEDEG** can refer to the 'running' of a stream or river, although **LLIFO** (= *to flow*) is far more poetic a term, of course.

Outside of adding verbal suffixes, other terms dropping the **-EG** in **RHEDEG** include **RHEDIAD** (= *a run, a conjugation*) and **RHEDADWY** (= *runnable, conjugatable*).

A few of the only times you'll see **RHEDEG** remain as such with a suffix added is in the super cool words **RHEDEGFAES** (from **RHEDEG** + **MAES** (= *a field*) = *a racetrack*), and **RHEDEGFA** which literally means '*a running place*,' and is the word for '*a hippodrome*.' And yes, I had to Google that last one!

BRAWDDEGAU ENGHREIFFTIOL
Sample Sentences

- **Dw i isio gwybod pryd ei di <u>rhedeg</u>**
  = *I want to know when you'll go <u>running</u>*
- **Bydd neb yn <u>rhedeg</u> yn y ras 'na**
  = *No one will be <u>running</u> in that race*
- **Dw i methu <u>rhedeg</u> yn rhy bell**
  = *I can't <u>run</u> too far*
- **Mi gaeth y cwmni 'na ei <u>redeg</u> gan Gymraes**
  = *That company was <u>run</u> by a Welsh woman*
- **Ro'n i'n meddwl <u>rhedodd</u> hi bob man**
  = *I thought she <u>ran</u> everywhere*

CWESTIYNAU ENGHREIFFTIOL
Sample Questions

- **Gyda phwy <u>rhedon</u> nhw?**
  = *With whom did they <u>run</u>?*
- **Pam ti'n chwysu? Wnest ti <u>redeg</u> yma?**
  = *Why are you sweating? Did you <u>run</u> here?*
- **Lle dylen ni fynd i <u>redeg</u>?**
  = *Where should we go to <u>run</u>?*

VERB TABLES: RHEDEG

	Present / Future	Simple past	Conditional / Past habitual
1st sing.	Rheda(f) i *I('ll) run*	Rhedais i *I ran*	Rhedwn i *I'd run*
2nd sing.	Rhedi di *You('ll) run*	Rhedaist ti *You ran*	Rhedet ti *You'd run*
3rd sing.	Rhedith ___ *___ ('ll) run(s)*	Rhedodd ___ *___ ran*	Rhedai ___ *___ 'd run*
1st plu.	Rhedwn ni *We('ll) run*	Rhedon ni *We ran*	Rheden ni *We'd run*
2nd plu.	Rhedwch chi *You('ll) run*	Rhedoch chi *You ran*	Rhedech chi *You'd run*
3rd plu.	Rhedan' nhw *They('ll) run*	Rhedon nhw *They ran*	Rheden nhw *They'd run*
Impersonal	Rhedir *One('ll) run(s)*	Rhedwyd *One ran*	Rhedid *One'd run*
Imperative	Inf. / Sing. **Rheda**	Form. / Plu. **Rhedwch**	

Rhedaf i	*I run*
	I'll run
Redai hi ddim	*She wouldn't run*
	She didn't used to run
Redoch chi?	*Did you run?*

CHWARAE

- *to play*

GWYBODAETH | *Information*

Schooled in Wales in the past 50 years? You're probably well aware of this beauty.

CHWARA in the north-west and south-east, **CHWARE** in the south-west and north-east... although the 'boundaries' of these dialects are extremely loose. One may also hear **WARE** (pron. *wah-reh*) in the south-east too.

Although regularly said in speech – especially amidst younger speakers – **CHWARAE** should not be used to express the playing of instruments. In Welsh, we **CANU** (= *sing*) instruments! Having said that, the number of times I hear '**dw i'n gallu chwarae'r piano**' (= *I can play the piano*') etc should provide you some solace that you can use it and still be totally understood.

In the near-extinct dialect of the north-east, **CHWARAE** was often used to suggest unemployment; **maw'n chware** (in standard spelling; **mae o/e'n chwarae**) means '*he's unemployed*,' but translates literally as '*he's playing*.'

BRAWDDEGAU ENGHREIFFTIOL
Sample Sentences

- **Sbïa pwy sy'n <u>chwarae</u> iddyn nhw!**
  = *Look who's <u>playing</u> for them!*
- **Dw i wrth fy modd yn <u>chwarae</u> hoci**
  = *I really love <u>playing</u> hockey*
- **Mi hoffen nhw <u>chwarae</u> yno nes ymlaen**
  = *They'd like to <u>play</u> there later on*
- **<u>Chwaraeodd</u> o mo hwnna o gwbl**
  = *He didn't <u>play</u> that at all*
- **Roedd pawb yn <u>chwarae</u> gwyddbwyll**
  = *Everyone was <u>playing</u> chess*

CWESTIYNAU ENGHREIFFTIOL
Sample Questions

- **Ddaru chi ddim <u>chwarae</u> efo nhw?**
  = *Didn't you <u>play</u> with them?*
- **Pryd bydd y gêm yn cael ei <u>chwarae</u>?**
  = *When will the game be/get <u>played</u>?*
- **<u>Chwaraeon</u> nhw yn y gêm nos Sul?**
  = *Did they <u>play</u> in the game on Sunday?*

VERB TABLES: CHWARAE

	Present / Future	Simple past	Conditional / Past habitual
1st sing.	Chwaraea(f) i *I('ll) play*	Chwaraeais i *I played*	Chwaraewn i *I'd play*
2nd sing.	Chwaraei di *You('ll) play*	Chwaraeaist ti *You played*	Chwaraeet ti *You'd play*
3rd sing.	Chwaraeith ___ ___ *('ll) play(s)*	Chwaraeodd ___ ___ *played*	Chwaraeai ___ ___ *'d play*
1st plu.	Chwaraewn ni *We('ll) play*	Chwaraeon ni *We played*	Chwaraeen ni *We'd play*
2nd plu.	Chwaraewch chi *You('ll) play*	Chwaraeoch chi *You played*	Chwaraeech chi *You'd play*
3rd plu.	Chwaraean nhw *They('ll) play*	Chwaraeon nhw *They played*	Chwaraeen nhw *They'd play*
Impers.	Chwaraeir *One('ll) play(s)*	Chwaraewyd *One played*	Chwaraeid *I'd play*

Imperative	Inf. / Sing. **Chwaraea**	Form. / Plu. **Chwaraewch**

Chwaraeaf i	*I play*
	I'll play
Chwaraeai hi ddim	*She wouldn't play*
	She didn't used to play
Chwaraeoch chi?	*Did you play?*

TYNNU

- *to take*
- *to remove*
- *to pull*
- *to subtract*
- *to attract*

GWYBODAETH | *Information*

Right, hold on to something... this one can mean quite a few things and, although they're all kind of related, they still require some thought.

Deriving from the same root as the word **TYNN** (= *tight*), the following examples show just how versatile **TYNNU** can be; **tynnu siwmper** = *to remove a jumper*, **tynnu llun** = *to take a picture*, **tri tynnu un ydy dau** = *three minus/subtract one is two*, **tynnu'r cracer** = *to pull a cracker*, **tynnu at** = *to attract to*, **tynnu arian** = *to deduct (money)*, **tynnu'r tannau** = *to thrum the strings (of an instrument)*, **tynnu car** = *to tow a car*. Oh, and, **tynnu ar (someone)** = *to pull (someone's) leg* (i.e., *to make a joke* at someone's expense). I've surely missed one or two!

And we don't stop there. **TYNNU LLUN**, literally meaning '*to take a picture*,' is used to express '*to draw*' as well as '*to take a photograph*.' That one gets confusing at times. **TYNNU SYLW**, literally '*to take (one's) attention*' means '*to get (one's) attention*' as well as '*to draw (one's) attention*'... not to be confused with **TALU SYLW** which means '*to pay attention*.'

BRAWDDEGAU ENGHREIFFTIOL
Sample Sentences

- **<u>Tynna</u> dy fys!**
  = *<u>Pull</u> your finger [out]! (i.e., get on with it!)*
- **Paid â <u>thynnu</u> arno fo, ag yntau mor ifanc**
  = *Don't <u>make fun</u> of him; him being so young*
- **Dylai hi <u>dynnu</u>'i chôt tasai hi'n gynnes**
  = *She should <u>remove</u> her coat if she's warm*
- **Mae pawb yn <u>tynnu</u> yn y cyfeiriad iawn**
  = *Everyone's <u>pulling</u> in the right direction*
- **Roedd rhaid <u>tynnu</u> cracer adeg (y) 'Dolig**
  = *One had to <u>pull</u> a cracker at Christmas time*

CWESTIYNAU ENGHREIFFTIOL
Sample Questions

- **<u>Dynnest</u> ti ddigon o luniau ar wyliau?**
  = *Did you <u>take</u> enough pictures on holiday?*
- **Wnei di <u>dynnu</u> llun i fi?**
  = *Will you <u>take</u> a photo for me?*
- **Ga' i <u>dynnu</u> fy nghôt?**
  = *May I <u>remove</u> my coat?*

VERB TABLES: TYNNU

	Present / Future	Simple past	Conditional / Past habitual
1st sing.	**Tynna(f) i** *I('ll) pull*	**Tynnais i** *I pulled*	**Tynnwn i** *I'd pull*
2nd sing.	**Tynni di** *You('ll) pull*	**Tynnaist ti** *You pulled*	**Tynnet ti** *You'd pull*
3rd sing.	**Tynnith/Tyn ___** *___ ('ll) pull(s)*	**Tynnodd ___** *___ pulled*	**Tynnai ___** *___ 'd pull*
1st plu.	**Tynnwn ni** *We('ll) pull*	**Tynnon ni** *We pulled*	**Tynnen ni** *We'd pull*
2nd plu.	**Tynnwch chi** *You('ll) pull*	**Tynnoch chi** *You pulled*	**Tynnech chi** *You'd pull*
3rd plu.	**Tynnan' nhw** *They('ll) pull*	**Tynnon nhw** *They pulled*	**Tynnen nhw** *They'd pull*
Impers.	**Tynnir** *One('ll) pull(s)*	**Tynnwyd** *One pulled*	**Tynndid** *One'd pull*
Imperative	Inf. / Sing. **Tynna**	Form. / Plu. **Tynnwch**	

Tynnaf i	*I take*
	I'll take
Thynnai hi ddim	*She wouldn't take*
	She didn't used to take
Dynnoch chi?	*Did you take?*

CREU

- *to create*
- *to produce*

GWYBODAETH | *Information*

CREU – pronounced widely as English would say *'cray'* – would equate in standard settings as *'to create'* or *'to produce,'* but it's been known to cover *'to make'* too on certain occasions; e.g., **dw i wrthi'n creu pryd o fwyd iddyn nhw** = *I'm currently making a meal for them.*

Likely deriving from *'**creo**'* in Latin meaning *'to prepare'* or *'to form,'* **CREU** can be found in a whole host of Welsh words. **(Y) CREAD** is *'(The) Creation'* as used in both Biblical language and in standard parlance; **CREADIGOL** is an adjective describing someone or something *'creative'*; **CREADIGRWYDD** is another noun, this one meaning *'creativity'* or *'creativeness'*; and finally, a little off-piste perhaps, but **CREADUR(IAID)** means *'creature(s)'.* That last one makes quite a bit of sense now I think about it.

Placing the same vowel next to itself in Welsh is rather rare, but, in certain circumstances, words like **CREER / CRËER** (= *let (something) be created*) crop up and they're gorgeous.

BRAWDDEGAU ENGHREIFFTIOL
Sample Sentences

- **Gobeithio 'nawn ni <u>greu</u> rhywbeth neis**
  = *Hopefully we'll <u>create</u> something nice*
- **<u>Cre</u>ais gerflun ar gyfer y Senedd**
  = *I <u>create</u>d a sculpture for the Parliament*
- **<u>Creu</u> gwir fel gwydr o ffwrnais awen**
  = *<u>Creating</u> truth like glass from the furnace of inspiration*
- **Sori, dw i'n <u>creu</u> gêm i'r plant**
  = *Sorry, I'm <u>creating</u> a game for the children*
- **Ddylai Owen ddim aros i <u>greu</u> hwnna**
  = *Owen shouldn't wait to <u>create</u> that*

CWESTIYNAU ENGHREIFFTIOL
Sample Questions

- **'Dych chi'n ceisio <u>creu</u> ffws yma?**
  = *I you trying to <u>create</u> a fuss here?*
- **Pwy sy' 'di <u>creu</u>'r holl lanast yn y tŷ 'ma?**
  = *Who's <u>made</u> this whole mess in this house?*
- **Be' wnaeth y bobl <u>greu</u> fel gwaith celf?**
  = *What did the people <u>create</u> as artwork?*

VERB TABLES: CREU

	Present / Future	Simple past	Conditional / Past habitual
1st sing.	Crea(f) i *I('ll) get (to)*	Creais i *I created*	Crëwn i *I'd create*
2nd sing.	Crei di *You('ll) create*	Creaist ti *You created*	Creit ti *You'd create*
3rd sing.	Crea ___ *___ ('ll) create(s)*	Creodd ___ *___ created*	Creai ___ *___ 'd create*
1st plu.	Crëwn ni *We('ll) create*	Creson ni *We created*	Creen ni *We'd create*
2nd plu.	Crëwch chi *You('ll) create*	Creoch chi *You created*	Creech chi *You'd create*
3rd plu.	Crean' nhw *They('ll) create*	Creon nhw *They created*	Creen nhw *They'd create*
Impers.	Crëir *One('ll) create(s)*	Crëwyd *One created*	Crëid *One'd create*

Imperative	Inf. / Sing. **Crea**	Form. / Plu. **Crëwch**

Creaf i	*I create*
	I'll create
Chreai hi ddim	*She wouldn't create*
	She didn't used to create
Greoch chi?	*Did you create?*

176

GYRRU

- *to drive*
- *to send*

GWYBODAETH | *Information*

In the north-western reaches of Wales, a rather confusing phenomenon happens. As **GYRRU** was originally reserved for the driving of animals on and around farms before the invention of motor vehicles, the word **DREIFIO** (borrowed from the English and pronounced as *DRAY-veeyoh*) is reserved for *'driving'* in the 'modern' sense. **GYRRU**, on the other hand, is then used to express *'excessive driving'* and/or *'speeding.'* Don't ask me why... just spare a thought for 23-year-old me when I tell you the first thing I said when I met my now-mother-in-law was "**wnes i yrru 'ma**" – which, to me, means '*I drove here*' but, to her, sounded like some speed-freak from Wrecsam was here to pick up her youngest daughter. I'll never forget her face that day!

Although **ANFON** (and it's variants – which shall be explained later in this book) are used in the standard language for *'to send,'* it's not uncommon to hear speakers say **GYRRU** instead; e.g., **gyrrwch yr e-byst aton ni** = *send the e-mails to us.*

BRAWDDEGAU ENGHREIFFTIOL
Sample Sentences

- **Os ti 'di cael peint, ti methu <u>gyrru</u>**
  = *If you've had a pint, you can't <u>drive</u>*
- **Bydd Owen yn <u>dreifio</u> tractor nesa'**
  = *Owen will be <u>driving</u> a tractor next*
- **<u>Gyrr</u>ais i heibio'r traffig i gyd**
  = *I <u>drove</u> past the whole (of the) traffic*
- **Wnaeth o <u>yrru</u> fi rownd y bend**
  = *He <u>drove</u> me round the bend*
- **Fe fyddwn i'n hoffi dysgu <u>gyrru</u> 'nawr**
  = *I'd like to learn to <u>drive</u> now*

CWESTIYNAU ENGHREIFFTIOL
Sample Questions

- **Ti 'rioed wedi gorfod <u>gyrru</u> yn yr eira?**
  = *Have you ever had to <u>drive</u> in the snow?*
- **Pwy sy'n <u>gyrru</u> ni heno?**
  = *Who's <u>driving</u> us tonight?*
- **Wnewch chi <u>yrru</u>'ch cyfeiriad atom ni?**
  = *Will you <u>send</u> your address to us?*

VERB TABLES: GYRRU

	Present / Future	Simple past	Conditional / Past habitual
1st sing.	Gyrra(f) i *I('ll) drive*	Gyrrais i *I drove*	Gyrrwn i *I'd drive*
2nd sing.	Gyrri di *You('ll) drive*	Gyrraist ti *You drove*	Gyrret ti *You'd drive*
3rd sing.	Gyrrith ___ *___ ('ll) drive(s)*	Gyrrodd ___ *___ drove*	Gyrrai ___ *___ 'd drive*
1st plu.	Gyrrwn ni *We('ll) drive*	Gyrron ni *We drove*	Gyrren ni *We'd drive*
2nd plu.	Gyrrwch chi *You('ll) drive*	Gyrroch chi *You drove*	Gyrrech chi *You'd drive*
3rd plu.	Gyrran' nhw *They('ll) drive*	Gyrron nhw *They drove*	Gyrren nhw *They'd drive*
Impersonal	Gyrrir *One('ll) drive(s)*	Gyrrwyd *One drove*	Gyrrid *One'd drive*
Imperative	Inf. / Sing. **Gyrra**		Form. / Plu. **Gyrrwch**

Gyrraf i	*I drive*
	I'll drive
Yrrai hi ddim	*She wouldn't drive*
	She didn't used to drive
Yrroch chi?	*Did you drive?*

CYSGU

- *to sleep*
- *to slumber*

GWYBODAETH | *Information*

As there's not a great deal to say about this term – aside from the fact that, since having a child, I've forgotten what it means in any language – I've decided to dedicate this page to show just how useful and versatile this little gem can be.

As a single-syllable word, expect the **Y** to morph into a **W**; **CWSG** is the noun version, which is used in such phrases as **YN EU CWSG** (= *in their sleep*) and, for sadder occasions, **CWSG MEWN HEDD** (= *sleep [/ rest] in peace*).

Despite the certainty of **breuddwydion melys(ion)** (literally *sweet dreams*) being said before many bedtimes, **cysga'n dawel** (literally *sleep quietly/peacefully*) is a far prettier (and 'Welshier') sentiment, I reckon.

For '*sleepy*,' we use the adjective **CYSGLYD**. Both **TRWMGYSGU** (literally *heavy-sleeping*) and **GAEAFGYSGU** (literally *winter-sleeping*) are used for '*to hibernate*.'

BRAWDDEGAU ENGHREIFFTIOL
Sample Sentences

- **Rhaid i fi fynd i gysgu**
  = *I have to go to <u>sleep</u>*
- **Fydd neb wedi <u>cysgu</u> erbyn y bore**
  = *No one will have <u>slept</u> by the morning*
- **Dw i ddim angen <u>cysgu</u>, diolch**
  = *I don't to <u>sleep</u>, thanks*
- **Do'n i heb <u>gysgu</u> ers tridiau'n ôl**
  = *I hadn't <u>slept</u> since three days ago*
- **<u>Chysgodd</u> Owen ddim oherwydd y sŵn**
  = *Owen didn't <u>sleep</u> because of the noise*

CWESTIYNAU ENGHREIFFTIOL
Sample Questions

- **Lle wneith o <u>gysgu</u> os na <u>chysgith</u> o yma?**
  = *Where will he <u>sleep</u> if he won't <u>sleep</u> here?*
- **Wnest ti <u>gysgu</u>'n dda neithiwr?**
  = *Did you <u>sleep</u> well last night?*
- **Pryd wyt ti am <u>gysgu</u> 'fory?**
  = *When are you going to <u>sleep</u> tomorrow?*

VERB TABLES: CYSGU

	Present / Future	Simple past	Conditional / Past habitual
1st sing.	Cysga(f) i *I('ll) sleep*	Cysgais i *I slept*	Cysgwn i *I'd sleep*
2nd sing.	Cysgi di *You('ll) sleep*	Cysgaist ti *You slept*	Cysget ti *You'd sleep*
3rd sing.	Cysgith ___ *___ ('ll) sleep(s)*	Cysgodd ___ *___ slept*	Cysgai ___ *___ 'd sleep*
1st plu.	Cysgwn ni *We('ll) sleep*	Cysgon ni *We slept*	Cysgen ni *We'd sleep*
2nd plu.	Cysgwch chi *You('ll) sleep*	Cysgoch chi *You slept*	Cysgech chi *You'd sleep*
3rd plu.	Cysgan' nhw *They('ll) sleep*	Cysgon nhw *They slept*	Cysgen nhw *They'd sleep*
Impersonal	Cysgir *One('ll) sleep(s)*	Cysgwyd *One slept*	Cysgid *One'd sleep*
Imperative	Inf. / Sing. **Cysga**		Form. / Plu. **Cysgwch**

Cysgaf i	*I sleep*
	I'll sleep
Chysgai hi ddim	*She wouldn't sleep*
	She didn't used to sleep
Gysgoch chi?	*Did you sleep?*

184

BWYTA
B'YTA

- *to eat*
- *to consume*

GWYBODAETH | *Information*

Although **BWYTA** is the standard (and still common term), there's a good chance you'll hear some pronouncing and writing it as **B'YTA**. Pronounced as *BIT-tah* – as opposed to *BOY-tah* in the standard form – **BY'TA** is pretty much commonplace up north these days. Even though it's a little rarer when used as a conjugated form, you'll still hear the odd **MI F'YTES I** (= *I ate*) in addition to **MI FWYTES I** in many dialects.

As for other words and terms that derive from the same root as **BWYTA**, we have **bwytadwy** (= *edible*) and **bwyty** (also seen as **tŷ bwyta** means '*restaurant*'). Keep an eye out for the follow variations too; **bwyta** = *to eat*, **bwyd** = *food*, **bwydo** = *to feed*. It's really not cool to mix these up, let me tell ya'!

BWYTA, as some may have noticed, is also the singular/informal imperative form. The best ways to spot the difference are 1) the imperative will cause a soft mutation on any following term; e.g., **bwyta pannas** = *eating parsnips* vs **bwyta bannas** = *eat parsnips*, and 2) by listening for context in the conversation.

BRAWDDEGAU ENGHREIFFTIOL
Sample Sentences

- **Paid 'neud fi f'yta hwnna**
  = *Don't make me eat that*
- **Dylid bwyta'n iach ar bob achlysur**
  = *One should eat healthily at every occasion*
- **Bwytith y bobl pan ddown nhw**
  = *The people (will) eat when they come*
- **Fwytwn i mo'r wyau 'na**
  = *I wouldn't eat (any of) those eggs*
- **Roedd pawb yn bwyta ac yn yfed trwy'r nos**
  = *Everyone was eating and drinking all night*

CWESTIYNAU ENGHREIFFTIOL
Sample Questions

- **Fwytodd pawb eu bwyd neithiwr?**
  = *Did everyone eat their food last night?*
- **Be' mae pawb isio i f'yta heno?**
  = *What does everyone want to eat tonight?*
- **Wyt ti wedi bwyta yma o'r blaen?**
  = *Have you eaten here before?*

VERB TABLES: BWYTA

	Present / Future	Simple past	Conditional / Past habitual
1st sing.	Bwyta(f) i *I('ll) eat*	Bwytais i *I ate*	Bwytwn i *I'd eat*
2nd sing.	Bwyti di *You('ll) eat*	Bwytaist ti *You ate*	Bwytet ti *You'd eat*
3rd sing.	Bwytith ___ *___('ll) eat(s)*	Bwytodd ___ *___ ate*	Bwytai ___ *___ 'd eat*
1st plu.	Bwytwn ni *We('ll) eat*	Bwyton ni *We ate*	Bwyten ni *We'd eat*
2nd plu.	Bwytwch chi *You('ll) eat*	Bwytoch chi *You ate*	Bwytech chi *You'd eat*
3rd plu.	Bwytan' nhw *They('ll) eat*	Bwyton nhw *They ate*	Bwyten nhw *They'd eat*
Impersonal	Bwytir *One('ll) eat(s)*	Bwytwyd *One ate*	Bwytid *One'd eat*
Imperative	Inf. / Sing. **B(w)yta**	Form. / Plu. **B(w)ytwch**	

Bwytaf i	*I eat*
	I'll eat
Fwytai hi ddim	*She wouldn't eat*
	She didn't used to eat
Fwytoch chi?	*Did you eat?*

YFED

- *to drink*

GWYBODAETH | *Information*

I've always said this as *UH-ved*, but don't be surprised to hear some – usually southerners – saying *EE-ved*. You can hold that initial *EE-* sound for as long as you like for added humour... or depending on how much you've had to *drink*!

Like most Welsh verb-nouns that end in **-ED**, this is dropped off when forming stems before adding endings; **maen nhw wedi yfed** (= *they've drunk*) vs **yfon nhw** (= *they drank*).

DIOD is '*a drink*'; we **yfed diod** in Welsh, where English speakers *drink a drink*. Makes more sense, really.

Finally, as we're discussing *drinking*, **MEDDW** is the adjective for '*drunk*,' with the verb '*to get drunk*' being **MEDDWI**. Make sure you don't mix it up with **MEDDWL** (= *to think*)... for obvious reasons.

BRAWDDEGAU ENGHREIFFTIOL
Sample Sentences

- **Dydy hi byth yn mynd i orffen <u>yfed</u>**
  = *She's never going to finish <u>drinking</u>*
- **Bydda i wedi <u>yfed</u> hwnna erbyn heno**
  = *I'll have <u>drunk</u> that by tonight*
- **Ddaru o <u>yfed</u> y fodca oedd yn y tŷ**
  = *He <u>drank</u> the vodka that was in the house*
- **Dw i'm yn licio be' dw i newydd <u>yfed</u>**
  = *I don't like what I've just <u>drunk</u>*
- **<u>Yf</u>odd Owen mo'r diod, dw i'n addo!**
  = *Owen <u>drank</u> none of the drink, I promise!*

CWESTIYNAU ENGHREIFFTIOL
Sample Questions

- **Pwy <u>yf</u>ith y paned sy' ar y bwrdd?**
  = *Who'll <u>drink</u> the cuppa that's on the table?*
- **Faint gafodd hi i <u>yfed</u> neithiwr?**
  = *How much did she have to <u>drink</u> last night?*
- **<u>Yf</u>on nhw bopeth?**
  = *Did they <u>drink</u> everything?*

VERB TABLES: YFED

	Present / Future	Simple past	Conditional / Past habitual
1st sing.	Yfa(f) i *I('ll) drink*	Yfais i *I drank*	Yfwn i *I'd drink*
2nd sing.	Yfi di *You('ll) drink*	Yfaist ti *You drank*	Yfet ti *You'd drink*
3rd sing.	Yfa/Yfith ___ *___ ('ll) drink(s)*	Yfodd ___ *___ drank*	Yfai ___ *___ 'd drink*
1st plu.	Yfwn ni *We('ll) drink*	Yfon ni *We drank*	Yfen ni *We'd drink*
2nd plu.	Yfwch chi *You('ll) drink*	Yfoch chi *You drank*	Yfech chi *You'd drink*
3rd plu.	Yfan' nhw *They('ll) drink*	Yfon nhw *They drank*	Yfen nhw *They'd drink*
Impersonal	Yfir *One('ll) drink(s)*	Yfwyd *One drank*	Yfid *One'd drink*
Imperative	Inf. / Sing. **Yfa**		Form. / Plu. **Yfwch**

Yfaf i	*I drink*
	I'll drink
Yfai hi ddim	*She wouldn't drink*
	She didn't used to drink
Yfoch chi?	*Did you drink?*

NÔL

- *to fetch*

GWYBODAETH | *Information*

NÔL was one of those verbs whose importance and usefulness did not become apparent to me until I first heard it used by a native speaker. Previously, I'd been using phrases like **DOD Â/AG** (= *to bring*), **CAEL** (= *to get*), **ESTYN/YSTYN** (= *to reach for*), and even **fetchio**(!) to express something similar to '*fetching*' or '*going to get*,' but **NÔL** changed this for good.

Rhyming with '*sprawl*' in English, it's best employed when linked up with sentence structures like **wnei di nôl?** (= *will you fetch?*), **faset ti'n meindio nôl?** (= *would you mind fetching?*), and **cer(wch) i nôl...** (= *go and fetch...*).

Important note: This term is not to be confused with **YN ÔL** (often shortened in both speech and writing to **'NÔL**) which means '*back(wards)*,' as well as '*according to*'; **pryd wyt ti'n mynd 'nôl?** = *When are you going back?*, **yn ôl Owen, mae'n wych** = *according to Owen, it's great*. It gets super confusing when you hear stuff like **dw i'n mynd 'nôl i nôl bara** (= *I'm going back to fetch (some) bread*) for the first time, I can tell ya'!

BRAWDDEGAU ENGHREIFFTIOL
Sample Sentences

- **Dw i angen gw'bod pwy aeth i'w <u>nôl</u> nhw**
  = I need to know who went to <u>fetch</u> them
- **'Sen nhw ddim yn meindio <u>nôl</u> bwyd i ti**
  = They wouldn't mind <u>fetching</u> food for you
- **Mae Owen angen <u>nôl</u> yr anrhegion o'r car**
  = Owen needs to <u>fetch</u> the gifts from the car
- **Dw i methu cofio pryd wnes i <u>nôl</u> hi**
  = I can't remember when I <u>fetch</u>ed it/her
- **Cer i <u>nôl</u> y gwaith cartref o'r 'stafell**
  = Go <u>fetch</u> the homework from the room

CWESTIYNAU ENGHREIFFTIOL
Sample Questions

- **Ti'n meddwl neith o <u>nôl</u> nhw i ni?**
  = Do you think he'll <u>fetch</u> them for us?
- **Pwy neith <u>nôl</u> pob dim ar gyfer y parti?**
  = Who'll <u>fetch</u> everything for the party?
- **Faint ti'n bwriadu <u>nôl</u>?**
  = How many/much do you intend to <u>fetch</u>?

VERB TABLES: NÔL

	Present / Future	Simple past	Conditional / Past habitual
1st sing.	Nola(f) i *I('ll) fetch*	Nolais i *I fetched*	Nolwn i *I'd fetch*
2nd sing.	Noli di *You('ll) fetch*	Nolaist ti *You fetched*	Nolet ti *You'd fetch*
3rd sing.	Nolith ___ *___ ('ll) fetch(es)*	Nolodd ___ *___ fetched*	Nolai ___ *___ 'd fetch*
1st plu.	Nolwn ni *We('ll) fetch*	Nolon ni *We fetched*	Nolen ni *We'd fetch*
2nd plu.	Nolwch chi *You('ll) fetch*	Noloch chi *You fetched*	Nolech chi *You'd fetch*
3rd plu.	Nolan' nhw *They('ll) fetch*	Nolon nhw *They fetched*	Nolen nhw *They'd fetch*
Impersonal	Nolir *One('ll) fetch(es)*	Nolwyd *One fetched*	Nolid *One'd fetch*
Imperative	Inf. / Sing. **Nola**		Form. / Plu. **Nolwch**

Nolaf i	*I fetch*
	I'll fetch
Nolai hi ddim	*She wouldn't fetch*
	She didn't used to fetch
Noloch chi?	*Did you fetch?*

EISTEDD

- *to sit (down)*
  - *to seat*

GWYBODAETH | *Information*

My guess is, depending on your schools' locations, you may well be already confident around the term '**eisteddwch**.' That'll be your (formal) imperative (command) asking you politely to *be seated*.

Remember, of course, that we '*stand*' an examination in Welsh, so don't expect to encounter the phrase '**eistedd arholiad**' too often.

A term with which I became quickly accustomed after admitting fluency and using my Welsh more and more was **ISTA**. Apparently for most natives (especially in north Wales), **EISTEDD** is just too much to say and so is often shortened to **ISTA**.

What can sometimes be confusing when using **ISTA** is that forming the informal / singular imperative (command form) also yields **ISTA(!)**. This means that '**Ista fa'ma**' can mean '*to sit/sitting here*' as well as '*sit here!*'). You'll need your context-deciphering skills to work out which you're hearing.

Finally, it's worth noting that **ISHD** (pronounced *ish-t/d*) is how we say '*shhh*' in Welsh. It's not super similar to **ISTA**, but you may well come across something like '**ista ac ishd, wnei di?**' (= *sit down and shhh, will/won't you?*' Or is that just me who hears that a lot around the house?

BRAWDDEGAU ENGHREIFFTIOL
Sample Sentences

- 'Swn i ddim yn meindio <u>ista</u> ac aros
  = I wouldn't mind <u>sitting</u> and waiting
- Bydd hi'n <u>eistedd</u> ar fainc yn y parc
  = She'll be <u>sitting</u> on a bench in the park
- Mae pawb angen amser i <u>eistedd</u> a meddwl
  = Everyone needs time to <u>sit</u> and think
- <u>Eisteddwch</u> ar gadair ar unwaith!
  = <u>Sit</u> (down) on a chair at once!
- <u>Eisteddai</u>'r hen ddyn ar y gadair bob dydd
  = The old man'd <u>sit</u> on the chair every day

CWESTIYNAU ENGHREIFFTIOL
Sample Questions

- Fyddech cystal ag <u>eistedd</u> am ychydig?
  = Would you be so good as to <u>sit</u> for a while?
- Sut mae <u>eistedd</u> ar soffa fel hon?
  = How does one <u>sit</u> on a sofa like this (one)?
- <u>Eisteddodd</u> o wrth y bwrdd o gwbl?
  = Did he <u>sit</u> at the table at all?

VERB TABLES: EISTEDD

	Present / Future	Simple past	Conditional / Past habitual
1st sing.	**Eistedda(f) i** *I('ll) sit*	**Eisteddais i** *I sat*	**Eisteddwn i** *I'd sit*
2nd sing.	**Eisteddi di** *You('ll) sit*	**Eisteddaist ti** *You sat*	**Eisteddet ti** *You'd sit*
3rd sing.	**Eisteddith ___** *___ ('ll) sit(s)*	**Eisteddodd ___** *___ sat*	**Eisteddai ___** *___ 'd sit*
1st plu.	**Eisteddwn ni** *We('ll) drink*	**Eisteddon ni** *We sat*	**Eistedden ni** *We'd sit*
2nd plu.	**Eisteddwch chi** *You('ll) sit*	**Eisteddoch chi** *You sat*	**Eisteddech chi** *You'd sit*
3rd plu.	**Eisteddan' nhw** *They('ll) sit*	**Eisteddon nhw** *They sat*	**Eistedden nhw** *They'd sit*
Impers.	**Eisteddir** *One('ll) sit(s)*	**Eisteddwyd** *One sat*	**Eisteddid** *One'd sit*
Imperative	Inf. / Sing. **Eistedda**		Form. / Plu. **Eisteddwch**

Eisteddaf i	*I sit*
	I'll sit
Eisteddai hi ddim	*She wouldn't sit*
	She didn't used to sit
Eisteddoch chi?	*Did you sit?*

SEFYLL

- *to stand*
- *to stagnate*

GWYBODAETH | *Information*

Not a great deal to say about this one other than to prove a gentle reminder that all single-**F**s in Welsh are pronounced as a *V* in English. I don't want to be hearing anyone saying *SEH-ffill*, or something like that.

If you like to use the Welsh version of Wikipedia to expose yourself to free reading material, check out how **SAIF** (i.e., third person singular present / future tense) is used loads when describing the locations of places; for example, when reading the page for my hometown of Coed-llai it says "**saif ger priffordd yr A5104**" which translates literally as *'it/she stands (i.e., is located) near the A5104 main road."* Quite the way to sell our village to potential tourists!

It's worth noting that one *stands an examination* in Welsh; **sefyll arholiad**. You might also see it equating to 'to wait' on road signage where phrases such as '**pan fo golau coch, sefwch yma**' (*when there's a red light, stand (i.e., wait) here*).

BRAWDDEGAU ENGHREIFFTIOL
Sample Sentences

- **Ond wnes i <u>sefyll</u> yn y lle iawn**
  = *But I <u>stood</u> in the right place*
- **<u>Saf</u> yn llonydd tra mod i'n tynnu llun**
  = *<u>Stand</u> still while I take a picture*
- **Paid (â) <u>sefyll</u> yn y mwd, plîs!**
  = *Don't <u>stand</u> in the mud, please!*
- **Bydd rhaid i ti <u>sefyll</u> yr arholiad 'fory**
  = *You'll have to <u>sit</u> the exam' tomorrow*
- **Chei di ddim <u>sefyll</u> yma**
  = *You may not <u>stand</u> here*

CWESTIYNAU ENGHREIFFTIOL
Sample Questions

- **A <u>safwn</u> yn y bwlch dros ein gwlad?**
  = *Will we <u>stand</u> in the breach for our land?*
- **'Set ti'n meindio <u>sefyll</u> yn fan hyn?**
  = *Would you mind <u>standing</u> here?*
- **Wnaethon nhw <u>sefyll</u> dy gornel di?**
  = *Did they <u>stand</u> your corner?*

VERB TABLES: SEFYLL

	Present / Future	Simple past	Conditional / Past habitual
1st sing.	**Safa(f) i** *I('ll) stand*	**Safais i** *I stood*	**Safwn i** *I'd stand*
2nd sing.	**Sefi di** *You('ll) stand*	**Safaist ti** *You stood*	**Safet ti** *You'd stand*
3rd sing.	**Saif ___** *___ ('ll) stand(s)*	**Safodd ___** *___ stood*	**Safai ___** *___ 'd stand*
1st plu.	**Safwn ni** *We('ll) stand*	**Safon ni** *We stood*	**Safen ni** *We'd stand*
2nd plu.	**Sefwch chi** *You('ll) stand*	**Safoch chi** *You stood*	**Safech chi** *You'd stand*
3rd plu.	**Sefan' nhw** *They('ll) stand*	**Safon nhw** *They stood*	**Safen nhw** *They'd stand*
Impersonal	**Sefir** *One('ll) stand(s)*	**Safwyd** *One stood*	**Sefid** *One'd stand*
Imperative	Inf. / Sing. **Saf(a)**		Form. / Plu. **Sefwch**

Safaf i	*I stand*
	I'll stand
Safai hi ddim	*She wouldn't stand*
	She didn't used to stand
Safoch chi?	*Did you stand?*

ENNILL

- *to win*
- *to earn*

GWYBODAETH | *Information*

If you didn't already know that **ENNILL** means *'to win,'* you may well have been today-old when you found out that it also means *'to earn'*... be that money or respect or... erm... a place on the Wrecsam AFC team...!

Notice how **ENNILL** drops an **N** when conjugating (and/or adding other syllables directly to it); e.g., **pwy sy'n ennill?** = *who's winning?* vs **pwy enillodd?** = *who won?*

One thing that certainly threw me when I first heard it was **CURO**. In the standard language, it means *'to beat,'* but it's definitely the case that many use it nowadays to express *'to win,'* so keep an eye/ear out. Since considering the use of **CURO** in this manner, however, I've had memories flood back of people speaking north-east Wales English and saying things like *'he's going to win him tonight'* when meaning *'he's going to beat him tonight.'* Rather interesting.

BRAWDDEGAU ENGHREIFFTIOL
Sample Sentences

- **Wnes i geisio 'ngorau glas i <u>ennill</u>**
  = I tried my level best to <u>win</u>
- **<u>Enillodd</u> e fedal arian yn y gystadleuaeth**
  = He <u>won</u> a silver medal in the competition
- **Doedden nhw ddim yn haeddu <u>ennill</u> o gwbl**
  = They didn't deserve to <u>win</u> at all
- **Fo <u>gurodd</u> y ras, dw i'n meddwl**
  = It was him who <u>won</u> the race, I think
- **Does neb erioed wedi <u>ennill</u> ar y gêm 'na**
  = No one's ever <u>won</u> on that game

CWESTIYNAU ENGHREIFFTIOL
Sample Questions

- **Pwy <u>enillodd</u> y gêm fawr neithiwr?**
  = Who <u>won</u> the big game last night?
- **Tybed pwy neith <u>ennill</u>?**
  = I wonder who'll <u>win</u>?
- **Faint wnaethon nhw <u>ennill</u> ar y loteri?**
  = How much did they <u>win</u> on the lottery?

VERB TABLES: ENNILL

	Present / Future	Simple past	Conditional / Past habitual
1st sing.	Enilla(f) i *I('ll) win*	Enillais i *I won*	Enillwn i *I'd win*
2nd sing.	Enilli di *You('ll) win*	Enillaist ti *You won*	Enillet ti *You'd win*
3rd sing.	Enillith ___ *___ ('ll) win(s)*	Enillodd ___ *___ won*	Enillai ___ *___ 'd win*
1st plu.	Enillwn ni *We('ll) win*	Enillon ni *We won*	Enillen ni *We'd win*
2nd plu.	Enillwch chi *You('ll) win*	Enilloch chi *You won*	Enillech chi *You'd win*
3rd plu.	Enillan' nhw *They('ll) win*	Enillon nhw *They won*	Enillen nhw *They'd win*
Impersonal	Enillir *One('ll) win(s)*	Enillwyd *One won*	Enillid *One'd win*

Imperative	Inf. / Sing. **Enilla**	Form. / Plu. **Enillwch**

Enillaf i	*I win/earn*
	I'll win/earn
Enillai hi ddim	*She wouldn't win/earn*
	She didn't used to win/earn
Enilloch chi?	*Did you win/earn?*

COLLI

- *to lose*
- *to miss*

GWYBODAETH | *Information*

Yep, this one looks like a poor spelling of the word for a certain breed of dog, but, so long as you ensure you remember that gorgeous **LL**-sound, you'll be fine.

Even though it doesn't hold quite the same sentiment as when used by English speaks who grew up in the '90s, but, just in case you were wondering, **COLLWR** is '*a loser.*'

You'll spot variations of **COLLI** in terms like **AR GOLL** (which works as the adjective 'lost'). To say that something '*is lost,*' you'll need **WEDI COLLI**. **COLL** alone can also act as an adjective; **y gyfrinach goll** = *the lost secret*.

COLLI can also suggest '*to miss,*' as in '**damia, dw i 'di colli'r blincin bws eto!**' (*drat, I've missed the blinking bus again!*). As stated earlier, **METHU** tends to cover this base these days, especially up in north Wales.

BRAWDDEGAU ENGHREIFFTIOL
Sample Sentences

- **Fydd Cymru ddim isio <u>colli</u>'r gêm nesa'**
  = *Wales won't want to <u>lose</u> the next game*
- **Plîs paid â <u>cholli</u>'r un yma**
  = *Please don't <u>lose</u> this one*
- **Fe <u>golla</u>' i'r bws, dw i'n gwybod 'wna' i**
  = *I'll <u>miss</u> the bus, I know (that) I will*
- **Fe <u>goll</u>ais i arian wrth brynu teisen**
  = *I <u>lost</u> (some) money whilst buying a cake*
- **Do'n i'm am dd'eud mod i 'di <u>colli</u> dy gi**
  = *I wasn't going to say that I've <u>lost</u> your dog*

CWESTIYNAU ENGHREIFFTIOL
Sample Questions

- **Faint <u>goll</u>on nhw ar y ceffylau?**
  = *How much did they <u>lose</u> on the horses?*
- **Beth sydd gen ti i'w <u>golli</u>?**
  = *What have you got to <u>lose</u>?*
- **'Dych chi'n sicr wnaethon nhw <u>golli</u>?**
  = *Are you sure/certain (that) they <u>lost</u>?*

VERB TABLES: COLLI

	Present / Future	Simple past	Conditional / Past habitual
1st sing.	Colla(f) i *I('ll) lose*	Collais i *I lost*	Collwn i *I'd lose*
2nd sing.	Colli di *You('ll) lose*	Collaist ti *You lost*	Collet ti *You'd lose*
3rd sing.	Collith ___ *___ ('ll) lose(s)*	Collodd ___ *___ lost*	Collai ___ *___ 'd lose*
1st plu.	Collwn ni *We('ll) lose*	Collon ni *We lost*	Collen ni *We'd lose*
2nd plu.	Collwch chi *You('ll) lose*	Colloch chi *You lost*	Collech chi *You'd lose*
3rd plu.	Collan' nhw *They('ll) lose*	Collon nhw *They lost*	Collen nhw *They'd lose*
Impersonal	Collir *One('ll) lose(s)*	Collwyd *One lost*	Collid *One'd lose*
Imperative	Inf. / Sing. **Colla**	Form. / Plu. **Collwch**	

Collaf i	*I lose*
	I'll lose
Chollai hi ddim	*She wouldn't lose*
	She didn't used to lose
Golloch chi?	*Did you lose?*

DECHRAU

- *to start*
- *to begin*
- *to commence*

GWYBODAETH | *Information*

Unfortunately for learners, here's another term that, depending on where you're using your Welsh, can be pronounced rather differently.

In the south-east and north-west, expect **DECHRA**, with the south-west and north-east preferring **DECHRE**.

I'm often asked about the difference between **DECHRAU** and **CYCHWYN**. Whereas there are plenty of grey areas involved, for me **DECHRAU** is *'to start'* and *'to begin,'* with **CYCHWYN** suggesting *'to initiate'* or *'to depart.'* As well as both being pretty much interchangeable in speech these days, they can both work as nouns (equating to English words such as *'beginning'* and *'initiation'*).

Ar y dechrau is how we say *'at the start/beginning'* (literally <u>*on*</u> *the start*), but there's no reason why one couldn't say '**yn y dechreuad**,' even if it is a tad more biblical and/or formal. **Dechrau o'r dechrau** is a cool phrase meaning *'to start from the start.'*

BRAWDDEGAU ENGHREIFFTIOL
Sample Sentences

- **Ddaru fi <u>ddechrau</u> dysgu llynedd**
  = *I <u>started</u> learning last year*
- **Byddai'n rhaid i ni <u>ddechre</u> cyn bo hir**
  = *We'd have to <u>start</u> before (too) long*
- **Dw i angen <u>dechrau</u> ar y gwaith tŷ**
  = *I need to <u>start</u> on the housework*
- **<u>Dechreuwyd</u> y bydysawd gyda'r glec fawr**
  = *The universe <u>started</u> with the big bang*
- **Rhaid i mi <u>ddechrau</u> gwneud y bwyd rŵan**
  = *I have to <u>start</u> making the food now*

CWESTIYNAU ENGHREIFFTIOL
Sample Questions

- **Wnei di <u>ddechrau</u> 'neud y cinio i ni?**
  = *Will you <u>start</u> making the dinner for us?*
- **Pryd ti am <u>ddechrau</u> dysgu Cymraeg?**
  = *When are you gonna <u>start</u> learning Welsh?*
- **Pwy <u>ddechreuodd</u> e?**
  = *Who <u>started</u> it?*

VERB TABLES: DECHRAU

	Present / Future	Simple past	Conditional / Past habitual
1st sing.	Dechreua(f) i *I('ll) start*	Dechreuais i *I started*	Dechreuwn i *I'd start*
2nd sing.	Dechreui di *You('ll) start*	Dechreuaist ti *You started*	Dechreuet ti *You'd start*
3rd sing.	Dechreuith ___ *___ ('ll) start(s)*	Dechreuodd ___ *___ started*	Dechreuai ___ *___ 'd start*
1st plu.	Dechreuwn ni *We('ll) start*	Dechreuon ni *We started*	Dechreuen ni *We'd start*
2nd plu.	Dechreuwch chi *You('ll) start*	Dechreuoch chi *You started*	Dechreuech chi *You'd start*
3rd plu.	Dechreuan nhw *They('ll) start*	Dechreuon nhw *They started*	Dechreuen nhw *They'd start*
Impers.	Dechreuir *One('ll) start(s)*	Dechreuwyd *One started*	Dechreuid *One'd start*
Imperative	Inf. / Sing. **Dechr(eu)a**		Form. / Plu. **Dechreuwch**

Dechreuaf i	*I start*
	I'll start
Ddechreuai hi ddim	*She wouldn't start*
	She didn't used to start
Ddechreuoch chi?	*Did you start?*

GORFFEN

- *to finish*

GWYBODAETH | *Information*

When I teach Welsh learners about the joys of the perfect tense (i.e., *[someone] has/have [done something]*), I immediately reach for either (or both) of the following phrases; **dw i wedi blino** (= *I have fatigued, I'm tired*) and, the old school favourite of clever-clogs children, **dw i wedi gorffen** (= *I have finished*). Didn't you just loathe those kids?!

Ever noticed **(MIS) GORFFENNAF**? Well, it's for good reason that the Welsh word for *July* is what it is. Before the blasted Romans came and fiddled with our Celtic-style calendar, July was when **HAF** (= *Summer*) was about to **GORFFEN**; **GORFFEN (YR) HAF** literally means '*the finishing of [the] Summer.*'

If it's '*to complete*' for which you're looking, **CWBLHAU** might be more articulate a term to employ, but **GORFFEN** can also be used to express it just fine when you're just chatting to friends.

BRAWDDEGAU ENGHREIFFTIOL
Sample Sentences

- **Dwi'm yn gweld nhw'n <u>gorffen</u> mewn pryd**
  = *I don't see them <u>finishing</u> in time*
- **Bydd rhaid i ti <u>orffen</u> y bwyd cyn mynd**
  = *You'll have to <u>finish</u> the food before going*
- **Dwmbo pryd fydda' i 'di <u>gorffen</u> eto**
  = *I dunno when I'll be <u>finished</u> yet*
- **Doedden nhw ddim yn digwyl ei <u>orffen</u> o**
  = *They weren't expecting to <u>finish</u> it*
- **Dylech chi geisio gorffen eich bwyd**
  = *You should try to finish your food*

CWESTIYNAU ENGHREIFFTIOL
Sample Questions

- **<u>Orffen</u>nest ti'r bwyd i gyd?**
  = *Did you <u>finish</u> all (of) the food?*
- **Be' sy'n digwydd ar ôl iddo <u>orffen</u>?**
  = *What happens after it/he <u>finishes</u>?*
- **Pryd ti'n disgwyl <u>gorffen</u> (yn y) gwaith?**
  = *When are you expecting to <u>finish</u> work?*

VERB TABLES: GORFFEN

	Present / Future	Simple past	Conditional / Past habitual
1st sing.	**Gorffenna(f) i** *I('ll) finish*	**Gorffennais i** *I finished*	**Gorffennwn i** *I'd finish*
2nd sing.	**Gorffenni di** *You('ll) finish*	**Gorffennaist ti** *You finished*	**Gorffennet ti** *You'd finish*
3rd sing.	**Gorffennith ___** *___ ('ll) finish(es)*	**Gorffennodd ___** *___ finished*	**Gorffennai ___** *___ 'd finish*
1st plu.	**Gorffennwn ni** *We('ll) finish*	**Gorffennon ni** *We finished*	**Gorffennen ni** *We'd finish*
2nd plu.	**Gorffennwch chi** *You('ll) finish*	**Gorffennoch chi** *You finished*	**Gorffennech chi** *You'd finish*
3rd plu.	**Gorffennan nhw** *They('ll) finish*	**Gorffennon nhw** *They finished*	**Gorffennen nhw** *They'd finish*
Impers.	**Gorffennir** *One('ll) finish(es)*	**Gorffennwyd** *One finished*	**Gorffennid** *One'd finish*
Imperative	Inf. / Sing. **Gorffenna**		Form. / Plu. **Gorffennwch**

Gorffennaf i	*I finish*
	I'll finish
Orffennai hi ddim	*She wouldn't finish*
	She didn't used to finish
Orffennoch chi?	*Did you finish?*

AGOR

- *to open*

GWYBODAETH | *Information*

Something I've always found interesting is the term **AR AGOR** to suggest something is *'open.'* It's often seen on shop doors as well as other institutions and establishments. Using **AR** (= *on*) in this way isn't just unique to **AGOR** either; compare **AR GAU** (= *closed*) and **AR WERTH** (= *for* (or, interestingly, <u>on</u>) *sale*). Knowing that *air* (also meaning *'on'*) in Gaelic is often used to form the perfect tense – where Welsh would use **WEDI** – it seems to make perfect (pardon the pun!) sense to use **AR** in this way in Welsh too.

Another way of expressing *'open'* in the sense of the above is **AGORED**; **diwrnod <u>agored</u>** = *an <u>open</u> day*.

AGOR is also included in the word **AGORIAD** (often shortened to **'GORIAD**) = *a key*. In southern Wales, **ALLWEDD** is *'a key,'* whereas this is reserved only for *'a key (i.e., to a diagram)'* in north Wales.

BRAWDDEGAU ENGHREIFFTIOL
Sample Sentences

- **<u>Agor</u> y drws ro'n i'n trïo 'neud**
  = *<u>Open</u> the door was what I was trying to do*
- **Rhaid <u>agor</u> y papur cyn (ei d)darllen**
  = *One must <u>open</u> the paper before reading*
- **Mae o ar <u>agor</u> ers dyddiau**
  = *It (is/has been) <u>open</u> for days*
- **Dysgais iddo sut i <u>agor</u> y paced yn iawn**
  = *I taught him how to <u>open</u> the packet right*
- **<u>Agor</u>wyd y drysau'n hwyr heddiw**
  = *The doors were <u>open</u>ed late today*

CWESTIYNAU ENGHREIFFTIOL
Sample Questions

- **Pryd wneith y siop newydd <u>agor</u>?**
  = *When will the new shop <u>open</u>?*
- **Fedri di <u>agor</u> y botel i fi, plîs?**
  = *Can you <u>open</u> the bottle for me, please?*
- **'Dych chi'n meddwl dylsen ni <u>agor</u> y drws?**
  = *Do you think we should <u>open</u> the door?*

VERB TABLES: AGOR

	Present / Future	Simple past	Conditional / Past habitual
1st sing.	**Agora(f) i** *I('ll) open*	**Agorais i** *I opened*	**Agorwn i** *I'd open*
2nd sing.	**Agori di** *You('ll) open*	**Agoraist ti** *You opened*	**Agoret ti** *You'd open*
3rd sing.	**Egyr/Agorith ___** *___ ('ll) open(s)*	**Agorodd ___** *___ opened*	**Agorai ___** *___ 'd open*
1st plu.	**Agorwn ni** *We('ll) open*	**Agoron ni** *We opened*	**Agoren ni** *We'd open*
2nd plu.	**Agorwch chi** *You('ll) open*	**Agoroch chi** *You opened*	**Agorech chi** *You'd open*
3rd plu.	**Agoran' nhw** *They('ll) open*	**Agoron nhw** *They opened*	**Agoren nhw** *They'd open*
Impers.	**Agorir** *One('ll) open(s)*	**Agorwyd** *One opened*	**Agorid** *One'd open*
Imperative	Inf. / Sing. **Agora**		Form. / Plu. **Agorwch**

Agoraf i	*I open*
	I'll open
Agorai hi ddim	*She wouldn't open*
	She didn't used to open
Agoroch chi?	*Did you open?*

CAU

- *to close*
- *to shut*
- *to enclose*
- *to fasten*

GWYBODAETH | *Information*

Said as one might pronounce the boys' name *Kai*, **CAU** suggests anything *closing* or *shutting*.

Notice how the stem of **CAU** often becomes **CAE-**... well, the word for *'a field'* in Welsh is **CAE** (pronounced the same as **CAU**... unless you're in the north-west!) or, a more interesting translation might be *'an en<u>CLOS</u>ure'*.

A final way of using this word that I simply had to share came up during one of those ever-annoying occasions where my wife will say something in her native slang, and I won't have a bloomin' clue what she's on about. On this occasion, she said something along the lines of "... **ac roedd o'n <u>cau</u> gweithio gen i.**" If, like me, you translated that as "*... and it was closing working for/with/on me,*" then that's you and me both! Apparently, **CAU** can also be used to express that something *'refuses'* to do something or *'doesn't/won't stop'* doing something. Before you ask, "**mae hi'n <u>cau</u> agor**" does indeed exist! "*It <u>refuses</u> to open*"... but literally, *it's <u>closing</u> opening*!

BRAWDDEGAU ENGHREIFFTIOL
Sample Sentences

- **Mae angen i ti <u>gau</u>'r llyfr a mynd i'r gwely**
  = *You need to <u>close</u> the book and go to bed*
- **Paid â <u>chau</u>'r drws eto; fi angen mynd allan**
  = *Don't <u>shut</u> the door yet; I need to go out*
- **Roedd y gantores yn <u>cau</u>'r sioe**
  = *The singer was <u>closing</u> the show*
- **Well iddyn nhw <u>gau</u> eu cegau nhw**
  = *They'd better <u>shut</u> their mouths*
- **Maen nhw'n gor'o' <u>cau</u>'r cyfrif yn y banc**
  = *They have to <u>close</u> the account in the bank*

CWESTIYNAU ENGHREIFFTIOL
Sample Questions

- **Pryd wnest ti <u>gau</u>'r giât neithiwr?**
  = *When did you <u>close</u> the gate last night?*
- **Faint o'r gloch ti'n mynd i <u>gau</u>'r siop?**
  = *What time are you gonna <u>close</u> the shop?*
- **Ddylen ni <u>gau</u>'r ffenestri? Mae'n glawio**
  = *Should we <u>close</u> the windows? It's raining*

VERB TABLES: CAU

	Present / Future	Simple past	Conditional / Past habitual
1st sing.	**Caea(f) i** *I('ll) close*	**Caeais i** *I closed*	**Caewn i** *I'd close*
2nd sing.	**Caei di** *You('ll) close*	**Caeaist ti** *You closed*	**Caeet ti** *You'd close*
3rd sing.	**Cae/Caeith ___** *___('ll) close(s)*	**Caeodd ___** *___ closed*	**Caeai ___** *___'d close*
1st plu.	**Caewn ni** *We('ll) close*	**Caeon ni** *We closed*	**Caeen ni** *We'd close*
2nd plu.	**Caewch chi** *You('ll) close*	**Caeoch chi** *You closed*	**Caeech chi** *You'd close*
3rd plu.	**Caean' nhw** *They('ll) close*	**Caeon nhw** *They closed*	**Caeen nhw** *They'd close*
Impersonal	**Caeir** *One('ll) close(s)*	**Caewyd** *One closed*	**Caeid** *One'd close*
Imperative	Inf. / Sing. **Cau/Caea**		Form. / Plu. **Caewch**

Caeaf i	*I close*
	I'll close
Chaeai hi ddim	*She wouldn't close*
	She didn't used to close
Gaeoch chi?	*Did you close?*

ATEB

- *to answer*
  - *to reply*
- *to respond*

GWYBODAETH | *Information*

Not content with simply being a verb in Welsh, **ATEB** is also used for the noun; *a solution, an answer*, and/or *a result*. **YMATEB** (= *to respond, to reply*) can also be a noun; *a response, a reply*. In addition, it's one of the only nouns in Welsh that ends in **-EB** that isn't feminine.

Historically, **ATEB** experienced metathesis (the swapping of consonant sounds) in certain dialects being pronounced as ***ABET*** > ***APED*** (north-west and south-east, especially), but this seems to have largely died out by the beginning of the 20th century.

A few other terms containing **ATEB** include; **ATEBOL** (= *accountable, responsible*), **ATEBOLRWYDD** (= *accountability, liability*), **ATEBION** (= *answers, responses*). Keep an eye out too for '**ateb yn unair**' (= *to answer unanimously*). Also, check out the literary term used for the third person singular present / future tense; **etyb Owen i neb** = *Owen answers / will answer to no one*. Don't you just love Cymraeg?

BRAWDDEGAU ENGHREIFFTIOL
Sample Sentences

- **Wnes i <u>ateb</u> y cwis**
  = *I <u>answered</u> the quiz*
- **Bydd rhaid iddyn nhw <u>ateb</u> pob cwestiwn**
  = *They'll have to <u>answer</u> every question*
- **Nid fi wnaeth <u>ateb</u> y dyn 'na**
  = *It wasn't me who <u>answered</u> that man*
- **Licien nhw geisio <u>ateb</u> y cwestiynau**
  = *They'd like to try to <u>answer</u> the questions*
- **Doedd neb isio <u>ateb</u> yn y dosbarth**
  = *No one wanted to <u>answer</u> in the class*

CWESTIYNAU ENGHREIFFTIOL
Sample Questions

- **Fasech chi'n meindio <u>ateb</u> eich ffôn?**
  = *Would you mind <u>answering</u> your phone?*
- **Ddaru nhw <u>ateb</u> dy lythyr di?**
  = *Did they <u>answer</u> your letter?*
- **'Newch chi <u>ateb</u> y ffôn, plîs?**
  = *Will you <u>answer</u> the phone, please?*

VERB TABLES: ATEB

	Present / Future	Simple past	Conditional / Past habitual
1st sing.	**Ateba(f) i** *I('ll) answer*	**Atebais i** *I answered*	**Atebwn i** *I'd answer*
2nd sing.	**Atebi di** *You('ll) answer*	**Atebaist ti** *You answered*	**Atebet ti** *You'd answer*
3rd sing.	**Etyb ___** *___ ('ll) answer(s)*	**Atebodd ___** *___ answered*	**Atebai ___** *___ 'd answer*
1st plu.	**Atebwn ni** *We('ll) answer*	**Atebon ni** *We answered*	**Ateben ni** *We'd answer*
2nd plu.	**Atebwch chi** *You('ll) answer*	**Ateboch chi** *You answered*	**Atebech chi** *You'd answer*
3rd plu.	**Ateban' nhw** *They('ll) answer*	**Atebon' nhw** *They answered*	**Ateben nhw** *They'd answer*
Impers.	**Atebir** *One('ll) answer(s)*	**Atebwyd** *One answered*	**Atebid** *One'd answer*
Imperative	Inf. / Sing. **Ateba**		Form. / Plu. **Atebwch**

Atebaf i	*I answer*
	I'll answer
Atebai hi ddim	*She wouldn't answer*
	She didn't used to answer
Ateboch chi?	*Did you answer?*

232

CADW

- *to keep*
- *to save*
- *to detain*
- *to preserve*
- *to put away*

GWYBODAETH | *Information*

Yet another than can express so many actions. The keen-eyed will have noted **CADW** as the Welsh Government's historic environment service – rather appropriate when considering its meaning(s).

I've included *'to put (something) away'* as a translation above, but I must admit, its use in this manner is relatively new to me. When I first moved in with my wife, she'd often ask **"nei di gadw'r llestri/siopa?"** (= *will you put the dishes/shopping away?*). At first, the understanding of context did its job and I thought nothing of it. It wasn't until we first welcomed a monoglot-English speaker to our home, and she told me to *'keep the dishes.'* It took me responding with something along the lines of *"they were expensive, I'm not gonna chuck them away!"* before her eyes rolled and I figured out why she'd been saying **CADW** all this time.

Welsh vowels have a habit of being awkward little tinkers at the best of times, we form the noun (i.e., *'a keeper'*) as **CEIDWAD**; **gôl-geidwad** = *goalkeeper*, **ceidwad y goleudy** = *the keeper of the lighthouse*. Other interesting words that derive from the same source as **CADW** include **CADWRAETH** (= *conservation, preservation*) and **CADWYN** (= *a chain, a train of thought*). **RHOI I/AR GADW** can also express *'putting something away* (i.e., *for safe keeping)'*. Keep your eyes peeled for how the stem of **CADW** can behave as **CADW-** or **CE(I)DW-**.

BRAWDDEGAU ENGHREIFFTIOL
Sample Sentences

- **Mi ddylen ni <u>gadw</u> mewn cysylltiad**
  = We should <u>keep</u> in touch
- **Mae'r bobl 'na'n <u>cadw</u> defaid**
  = Those people <u>keep</u> sheep
- **<u>Cad</u>wch yn ddiogel wrth yrru yn yr eira**
  = <u>Keep</u>/Stay safe whilst driving in the snow
- **<u>Ceidw</u>ad y goleudy ydw(yf) i**
  = The <u>keeper</u> of the lighthouse am I
- **Ro'n i'n <u>cadw</u>'r dillad**
  = I was <u>putting</u> the clothes <u>away</u>

CWESTIYNAU ENGHREIFFTIOL
Sample Questions

- **I ba gampfa ti'n mynd i <u>gadw</u>'n heini?**
  = To which gym do you go to <u>keep</u> fit?
- **<u>Cadw</u>a fy mhaned i'n gynnes, wnei di?**
  = <u>Keep</u> my cuppa warm, will you?
- **'Set ti'n meindio <u>cadw</u>'r llestri?**
  = Would you mind <u>putting</u> the dishes <u>away</u>?

VERB TABLES: CADW

	Present / Future	Simple past	Conditional / Past habitual
1st sing.	Cadwa(f) i *I('ll) keep*	Cadwais i *I kept*	Cadwwn i *I'd keep*
2nd sing.	Cedwi di *You('ll) keep*	Cadwaist ti *You kept*	Cadwet ti *You'd keep*
3rd sing.	Cadwith ___ *___ ('ll) keep(s)*	Cadwodd ___ *___ kept*	Cadwai ___ *___ 'd keep*
1st plu.	Cadwn ni *We('ll) keep*	Cadwon ni *We kept*	Cadwen ni *We'd keep*
2nd plu.	Cadwch chi *You('ll) keep*	Cadwoch chi *You kept*	Cadwech chi *You'd keep*
3rd plu.	Cadwan' nhw *They('ll) keep*	Cadwan nhw *They kept*	Cadwen nhw *They'd keep*
Impers.	Cedwir *One('ll) keep(s)*	Cadwyd *One kept*	Cedwid *One'd keep*
Imperative	Inf. / Sing. **Cadwa**		Form. / Plu. **Cadwch**

Cadwaf i	*I keep*
	I'll keep
Chadwai hi ddim	*She wouldn't keep*
	She didn't used to keep
Gadwoch chi?	*Did you keep?*

ANFON

- *to send*
- *to dispatch*

GWYBODAETH | *Information*

No tricks here. **ANFON** – pronounced as *ANN-von* – means '*to send*' or '*to dispatch*.'

I'll be honest, although I hear **DANFON** nearly as much as I hear **ANFON**, I'm not 100% on where it tends to be used geographically. Either way, it's pretty much interchangeable with **ANFON** these days, even though **ANFON** would 'strictly' be more standard Welsh.

For southern folk, brace yourself for **HALA**; it's almost as common as **(D)ANFON** down there. This one leads me nicely on to...

The last term that can also suggest '*to send*' is **HEL**. Deriving from **HELA** (= *to hunt*), many speakers – especially in north Wales – use **HEL** too. An example in the beautiful dialect of the north-east might be "**ddaru hi ga'l ei hel o 'ne,**" literally translating as '*she got her sending from there*,' but equates to '*she was sent away*.'

Finally, take note of how forming the stem of **ANFON** <u>won't</u> force the **-N-** to double up; **ANFON** (= *to send*) > **ANFONAF** (= *I send*).

BRAWDDEGAU ENGHREIFFTIOL
Sample Sentences

- **Mae'r cwmni'n <u>anfon</u> llawer o lythyrau**
  = *The company are <u>sending</u> lots of letters*
- **Ddanfonodd hi bum punt atyn nhw**
  = *She <u>sent</u> five pounds to them*
- **<u>Anfon</u>wch e-byst at y gweithlu**
  = *<u>Send</u> an e-mail to the staff*
- **Awn ni i <u>hala</u>'r parsel yn y siop**
  = *Let's go and <u>send</u> the parcel in/at the shop*
- **<u>Anfon</u>af angen i'th gysuro heno**
  = *I('ll) <u>send</u> an angel to comfort you tonight*

CWESTIYNAU ENGHREIFFTIOL
Sample Questions

- **Fyddai modd <u>anfon</u> hwn heddiw?**
  = *Would it possible to <u>send</u> this (one) today?*
- **Pryd <u>anfon</u>wyd eich llythyr?**
  = *When was your letter <u>sent</u>?*
- **Wnei di helpu fi <u>anfon</u> hwn 'nôl, plîs?**
  = *Will you help me <u>send</u> this back, please?*

VERB TABLES: ANFON

	Present / Future	Simple past	Conditional / Past habitual
1st sing.	Anfona(f) i *I('ll) send*	Anfonais i *I sent*	Anfonwn i *I'd send*
2nd sing.	Anfoni di *You('ll) send*	Anfonaist ti *You sent*	Anfonet ti *You'd send*
3rd sing.	Anfonith ___ *___ ('ll) send(s)*	Anfonodd ___ *___ sent*	Anfonai ___ *___ 'd send*
1st plu.	Anfonwn ni *We('ll) send*	Anfonon ni *We sent*	Anfonen ni *We'd send*
2nd plu.	Anfonwch chi *You('ll) send*	Anfonoch chi *You sent*	Anfonech chi *You'd send*
3rd plu.	Anfonan' nhw *They('ll) send*	Anfonon nhw *They sent*	Anfonen nhw *They'd send*
Impersonal	Anfonir *One('ll) send(s)*	Anfonwyd *One sent*	Anfonid *One'd send*
Imperative	Inf. / Sing. **Anfona**		Form. / Plu. **Anfonwch**

Anfonaf i	*I send*
	I'll send
Anfonai hi ddim	*She wouldn't send*
	She didn't used to send
Anfonoch chi?	*Did you send?*

CYRRAEDD

- *to arrive*
- *to reach*
- *to attain*

GWYBODAETH | *Information*

Depending on dialect, you may also hear this term pronounced as either **CYRR'EDD** or **CYRRA'DD** – which are pronounced as *KER-eth* and *KER-ath* respectively).

As notes on the previous page, **CYRRAEDD** is also used to suggest *'fetching,'* *'getting,'* or *'attaining'* something; usually from places that those requesting struggle to... well, <u>reach</u>. See the link? Some examples of **CYRRAEDD** used in this way are included overleaf.

Notice how **CYRRAEDD** becomes **CYRHAEDD-** when adding a stem. This is because the **R-** sound in **CYRRAEDD** is on the penultimate syllable, but, when adding a suffix/ending, the penultimate syllable shifts slightly. As I feel as though I'm waffling, I'll show you an example and <u>underline</u> where the stress/accent falls in each term;
- <u>CYRR</u>AEDD = *to arrive*
- CYR<u>H</u>AEDD<u>D</u>AIS = *I arrived*

Essentially, it's double-**R** when the accent falls on it, **-RH-** when the stress follows it. Get it?

BRAWDDEGAU ENGHREIFFTIOL
Sample Sentences

- **Dw i'm yn siŵr wna' i <u>gyrraedd</u> mewn amser**
  = *I'm not sure [that] I'll <u>reach</u> [it] in time*
- **Dudodd o byddan nhw'n <u>cyrraedd</u> heno**
  = *He said [that] they'll be <u>arriving</u> tonight*
- **<u>Cyrhaedd</u>wch yn gynnar, os gallwch**
  = *<u>Arrive</u> early, if you can*
- **Ti methu <u>cyrraedd</u> hwnna o gwbl**
  = *You can't <u>reach</u> that at all*
- **Ro'n i am drïo <u>cyrraedd</u> y siop mewn amser**
  = *I was gonna try to <u>reach</u> the shop in time*

CWESTIYNAU ENGHREIFFTIOL
Sample Questions

- **Pryd ti'n meddwl wnei di <u>gyrraedd</u>?**
  = *When do you think you'll <u>arrive</u>?*
- **Wnewch chi <u>gyrraedd</u> yr afal o'r silff 'na?**
  = *Will you <u>get</u> the apple from that shelf?*
- **Faint o'r gloch mae'r anrheg i fod i <u>gyrr'edd</u>?**
  = *What time's the gift supposed to <u>arrive</u>?*

VERB TABLES: CYRRAEDD

	Present / Future	Simple past	Conditional / Past habitual
1st sing.	Cyrhaedda(f) i *I('ll) arrive*	Cyrhaeddais i *I arrived*	Cyrhaeddwn i *I'd arrive*
2nd sing.	Cyrhaeddi di *You('ll) arrive*	Cyrhaeddaist ti *You arrived*	Cyrhaeddit ti *You'd arrive*
3rd sing.	Cyrraedd___ *___('ll) arrive(s)*	Cyrhaeddodd ___ *___ arrived*	Cyrhaeddai ___ *___ 'd arrive*
1st plu.	Cyrhaeddwn ni *We('ll) arrive*	Cyrhaeddon ni *We arrived*	Cyrhaedden ni *We'd arrive*
2nd plu.	Cyrhaeddwch chi *You('ll) arrive*	Cyrhaeddoch chi *You arrived*	Cyrhaeddech chi *You'd arrive*
3rd plu.	Cyrhaeddan' nhw *They('ll) arrive*	Cyrhaeddon nhw *They arrived*	Cyrhaedden nhw *They'd arrive*
Impers.	Cyrhaeddir *One('ll) arrive(s)*	Cyrhaeddwyd *One arrived*	Cyrhaeddid *One'd arrive*
Imperative	Inf. / Sing. **Cyrhaedda**		Form. / Plu. **Cyrhaeddwch**

Cyrhaeddaf i	*I arrive/reach*
	I'll arrive/reach
Charai hi ddim	*She wouldn't arrive/reach*
	She didn't used to arrive/reach
Garoch chi?	*Did you arrive/reach?*

TROI

- *to turn*
- *to stir*
- *to twist*

GWYBODAETH | *Information*

Rhyming with '*Troy*,' **TROI** is yet another versatile little number.

I'll leave the 'obvious' connotations of '*turning*' in certain directions etc to your own imaginations, but how about stuff like '**mae'r bara wedi <u>troi</u>**' = *the bread has <u>turn</u>ed* (i.e., *the bread has <u>gone off</u>*)?

Although in English, turning devices, switches, etc on and off are common in speech, Welsh prefers to keep these rather 'traditional.' Yes, you'll hear people say "**tro'r golau i ffwrdd/off**" (= *turn the lights off*' and "**tro'r teledu ymlaen/on**" (= *turn the television on*), but you'll also hear **DIFFODD** (literally, *to extinguish*) for *turning something off*, and **TANIO** (literally, *to ignite*) for *turning something on*. What do we say for '*turning a person on* (or, indeed, *off*)?' I hear you ponder... just stick to '**troi** *(someone)* **on/off**' is my advice.

BRAWDDEGAU ENGHREIFFTIOL
Sample Sentences

- **Perygl! Tractorau'n <u>troi</u>!**
  = Danger! Tractors <u>turning</u>!
- **Bydd y bara wedi <u>troi</u> erbyn 'fory**
  = The bread will have <u>gone off</u> by tomorrow
- **Mae'r bws angen <u>troi</u> am y chwith nesaf**
  = The bus needs to <u>turn</u> for the next left
- **Roedd y lindys wedi <u>troi</u>'n bili pala**
  = The caterpillar had <u>turned</u> into a butterfly
- **<u>Tro</u>wch i dudalen chwe deg saith**
  = <u>Turn</u> to page sixty-seven

CWESTIYNAU ENGHREIFFTIOL
Sample Questions

- **Oes rhaid i ni <u>droi</u> yn fan hyn?**
  = Must we <u>turn</u> here?
- **Sut wnaeth hwnna <u>droi</u>?**
  = How did that <u>turn/go off</u>?
- **Pryd 'sai'n well gen ti <u>droi</u> am adre'?**
  = When would you prefer to <u>turn</u> for home?

VERB TABLES: TROI

	Present / Future	Simple past	Conditional / Past habitual
1st sing.	Tro(f/a(f)) i *I('ll) turn*	Troais i *I turned*	Trown i *I'd turn*
2nd sing.	Tro i di *You('ll) turn*	Troaist ti *You turned*	Troet ti *You'd turn*
3rd sing.	Try/Troith ___ *___ ('ll) turn(s)*	Trodd ___ *___ turned*	Troai ___ *___ 'd turn*
1st plu.	Trown ni *We('ll) turn*	Trôn ni *We turned*	Troen ni *We'd turn*
2nd plu.	Trowch chi *You('ll) turn*	Trôch chi *You turned*	Troech chi *You'd turn*
3rd plu.	Troan' nhw *They('ll) turn*	Trôn' nhw *They turned*	Troen' nhw *They'd turn*
Impers.	Troir *One('ll) turn(s)*	Trowyd *One turned*	Troid *One'd turn*

Imperative	Inf. / Sing. **Tro(a)**	Form. / Plu. **Trowch**

Tro(a)f i	*I turn*
	I'll turn
Throai hi ddim	*She wouldn't turn*
	She didn't used to turn
Drôch chi?	*Did you turn?*

DEWIS

- *to choose*
- *to select*
- *to elect*
- *to pick*

GWYBODAETH | *Information*

Not a great deal to say about this one, to be honest. I guess it's cool that it equates to so many terms in English. Oh, and that it's a word I seem to have used far more than I ever expected since admitting fluency in Welsh and using the language in the wild.

Pronounced as *DARE-wiss*, **DEWIS** is another of those rare verbs in Welsh that can also be a noun; *(a) choice*. What else is cool about it is that it doesn't need to be 'modified' (or should I say *changed*?) in any way before affixing endings during conjugations etc. Oh, and it'll only ever softly mutate for both questions and negatives – e.g., **dewisais** = *I chose*, **ddewisais?** = *did I choose?*, **ddewisiais i ddim** = *I didn't choose* – unlike terms beginning with P, T, or C which experience an aspirate mutation when negative.

DEWIS can be found in a whole host of other terms such as **dewisiadau** (= *choices, selections, options*), **dewisddyn** (= *nominee*), and **dewisach** (= *preferable*).

BRAWDDEGAU ENGHREIFFTIOL
Sample Sentences

- **<u>Dewis</u>a ffordd o dalu**
  = *<u>Choose</u> a way to pay*
- **Dw i'n gw'bod pam ti 'di <u>dewis</u> yr un 'na**
  = *I know why you've <u>chose</u>n that one*
- **Mi fydda' i angen iddyn nhw d<u>dewis</u> ffilm**
  = *I'll be needing them to <u>choose</u> a film*
- **Do't ti'm yn mynd i d<u>dewis</u> neb**
  = *You weren't going to <u>choose</u> anyone*
- **<u>Dewis</u>on ni sawl llwybr i'w dilyn**
  = *We <u>chose</u> a number of paths to follow*

CWESTIYNAU ENGHREIFFTIOL
Sample Questions

- **Pwy wnaeth d<u>dewis</u> y blYdi gân 'ma?**
  = *Who <u>chose</u> this bloody song?*
- **Oni d<u>dewis</u>et ti fynd 'nôl?**
  = *Wouldn't you <u>choose</u> to go back?*
- **Be' sy' ar g<u>ael</u> i'w d<u>dewis</u>?**
  = *What's available to <u>choose</u> [it]?*

VERB TABLES: DEWIS

	Present / Future	Simple past	Conditional / Past habitual
1ˢᵗ sing.	**Dewisa(f) i** *I('ll) choose*	**Dewisais i** *I chose*	**Dewiswn i** *I'd choose*
2ⁿᵈ sing.	**Dewisi di** *You('ll) choose*	**Dewisaist ti** *You chose*	**Dewiset ti** *You'd choose*
3ʳᵈ sing.	**Dewisith ___** *___('ll) choose(s)*	**Dewisodd ___** *___ chose*	**Dewisai ___** *___'d choose*
1ˢᵗ plu.	**Dewiswn ni** *We('ll) choose*	**Dewison ni** *We chose*	**Dewisem ni** *We'd choose*
2ⁿᵈ plu.	**Dewiswch chi** *You('ll) choose*	**Dewisoch chi** *You chose*	**Dewisech chi** *You'd choose*
3ʳᵈ plu.	**Dewisan' nhw** *They('ll) choose*	**Dewison nhw** *They chose*	**Dewisen nhw** *They'd choose*
Impers.	**Dewisir** *One('ll) choose(s)*	**Dewiswyd** *One chose*	**Dewisid** *One'd choose*
Imperative	Inf. / Sing. **Dewisa**	Form. / Plu. **Dewiswch**	

Dewisaf i	*I choose*
	I'll choose
Ddewisai hi ddim	*She wouldn't choose*
	She didn't used to choose
Ddewisoch chi?	*Did you choose?*

252

TEIMLO

- *to feel*

GWYBODAETH | *Information*

TEIMLO is another that those with some schooling in Welsh will recognise. It means 'to feel' and is great for expressing both sentiments and, well, what something feels like. It's commonly followed by 'N when coupling with an adjective.

It's worth noting that, whereas terms like **TEIMLAIS I** (= *I felt*) and **TEIMLAF I** (= *I feel*) exist, expressing that someone '*felt*' a certain way tends to use the **ROEDD** (= *was, used to*) construction. As you may remember, something similar happened with words like **EISIAU, GWYBOD**, and **HOFFI**. See examples on the next page for how **TEIMLO** deals with this.

To make **TEIMLO** a noun we add the ending **-AD**; **TEIMLAD** (= *a feeling*). Most nouns ending in **–(I)AD** are masculine. **TEIMLADAU** are *feelings*.

We can add **CYD-** - which is a way of expressing that something is done '*jointly*' – to form **CYDYMDEIMLAD** (= *sympathy, empathy*). *To sympathise* is **CYDYMDEIMLO**.

BRAWDDEGAU ENGHREIFFTIOL
Sample Sentences

- **Dw i'm yn <u>teimlo</u>'n iawn o gwbl**
  = *I'm not <u>feeling</u> well at all*
- **Ro'n i'n <u>teimlo</u> fel bod o'n ddiflas**
  = *I <u>felt</u> that it was boring/miserable*
- **<u>Teimlaf</u> ei fod yn hyfryd**
  = *I <u>feel</u> that it/he is lovely*
- **Wnest ti <u>deimlo</u>'r gwynt 'na ddoe?**
  = *Did you <u>feel</u> that wind yesterday?*
- **'Swn i'n hoffi <u>teimlo</u>'n well**
  = *I'd like to <u>feel</u> better*

CWESTIYNAU ENGHREIFFTIOL
Sample Questions

- **Sut (wyt) ti'n <u>teimlo</u> heddiw?**
  = *How are you <u>feeling</u> today?*
- **Sut oedd hi'n <u>teimlo</u> amdano?**
  = *How did she <u>feel</u> about it?*
- **'Sa ti'n <u>teimlo</u>'n hapus efo hwnna?**
  = *Would you <u>feel</u> happy with that?*

VERB TABLES: TEIMLO

	Present / Future	Simple past	Conditional / Past habitual
1st sing.	Teimla(f) i *I('ll) feel*	Teimlais i *I felt*	Teimlwn i *I'd feel*
2nd sing.	Teimli di *You('ll) feel*	Teimlaist ti *You felt*	Teimlet ti *You'd feel*
3rd sing.	Teimlith ___ ___ *('ll) feel*	Teimlodd ___ ___ *felt*	Teimlai ___ ___ *'d feel*
1st plu.	Teimlwn ni *We('ll) feel(s)*	Teimlon ni *We felt*	Teimlen ni *We'd feel*
2nd plu.	Teimlwch chi *You('ll) feel*	Teimloch chi *You felt*	Teimlech chi *You'd feel*
3rd plu.	Teimlan' nhw *They('ll) feel*	Teimlon nhw *They felt*	Teimlen nhw *They'd feel*
Impersonal	Teimlir *One('ll) feel(s)*	Teimlwyd *One felt*	Teimlid *One'd feel*
Imperative	Inf. / Sing. **Teimla**		Form. / Plu. **Teimlwch**

Teimlaf i	*I('ll) feel*
Theimlai hi ddim	*She wouldn't feel*
	She didn't used to feel
Deimloch chi?	*Did you feel?*

256

CHWILIO

- *to search*
- *to look (for)*

GWYBODAETH | *Information*

Remember **GWYLIO** from earlier meaning *to watch*? Well, this one sounds pretty similar, and it's meaning isn't too different either.

As noted above, **CHWILIO** is also used to suggest *'to look'*. You're likely aware of the verb **EDRYCH** here, but **CHWILIO** is preferred when the *'looking'* is akin to searching, rather than just simply *'looking at'* something; **dw i'n <u>edrych</u> arni hi** = *I'm <u>looking</u> at it/her*, but **dw i'n <u>chwilio</u> amdani hi** = *I'm <u>looking</u> for it/her*. Clear as mud!?!

We'll often see **chwilio** coupled with the preposition **<u>am</u>** to create the phrase *'to search <u>for</u>'* > **Pam ti'n chwilio <u>am</u> hwnna?** = *Why are you searching/looking <u>for</u> that?*

Keep an eye out for **AR<u>CHWILIO</u>** (= *to explore, to examine*) and **Y<u>MCHWILIO</u>** (= *to investigate, to research*). You can spot the noun for *'[a] search'* as **<u>CHWILIAD</u>**. However, **YM<u>CHWIL</u>** is the noun for *'research'*.

BRAWDDEGAU ENGHREIFFTIOL
Sample Sentences

- **Bore da, dw i'n <u>chwilio</u> am gar newydd**
  = *Good morning, I'm <u>looking</u> for a new car*
- **Dw i 'di bod yn <u>chwilio</u> am oriau!**
  = *I've been <u>searching</u> for hours!*
- **Roedden nhw'n <u>chwilio</u>'r siop i gyd**
  = *They were <u>searching</u> the whole shop*
- **'Nâ nhw helpu chi <u>chwilio</u>**
  = *They'll help you <u>look/search</u>*
- **Gwna'n siŵr fod ti'n <u>chwilio</u> ym mhobman**
  = *Make sure you <u>search</u> everywhere*

CWESTIYNAU ENGHREIFFTIOL
Sample Questions

- **'Nest ti <u>chwilio</u> yn y lloft?**
  = *Did you <u>look/search</u> in the bedroom?*
- **Lle ti 'di <u>chwilio</u>'n barod?**
  = *Where have you <u>look</u>ed already?*
- **'Nei di <u>chwilio</u> yn y gegin i fi?**
  = *Will you <u>look/search</u> in the kitchen for me?*

VERB TABLES: CHWILIO

	Present / Future	Simple past	Conditional / Past habitual
1st sing.	Chwilia(f) i *I('ll) search*	Chwiliais i *I searched*	Chwiliwn i *I'd search*
2nd sing.	Chwili di *You('ll) search*	Chwiliaist ti *You searched*	Chwiliet ti *You'd search*
3rd sing.	Chwilith ___ ___ *('ll) search(es)*	Chwiliodd ___ ___ *searched*	Chwiliai ___ ___ *'d search*
1st plu.	Chwiliwn ni *We('ll) search*	Chwilion ni *We searched*	Chwilien ni *We'd search*
2nd plu.	Chwiliwch chi *You('ll) search*	Chwilioch chi *You searched*	Chwiliech chi *You'd search*
3rd plu.	Chwilian nhw *They('ll) search*	Chwilion nhw *They searched*	Chwilien nhw *They'd search*
Impers.	Chwilir *One('ll) search(es)*	Chwiliwyd *One searched*	Chwilid *One'd search*
Imperative	Inf. / Sing. **Chwilia**		Form. / Plu. **Chwiliwch**

Chwiliaf i	*I search*
	I'll search
Chwiliai hi ddim	*She wouldn't search*
	She didn't used to search
Chwilioch chi?	*Did you search?*

TORRI

- *to cut*
- *to break*
- *to rip*
- *to fracture*

GWYBODAETH | *Information*

I've included this verb as another which can equate to multiple meanings in English.

TORRI isn't quite like the many other Welsh verbs that equate to a large number of English terms in that *'cutting,' 'breaking,'* and *'ripping,'* etc aren't quite as close in meaning to how **PRYNU** means *'to buy'* and *'to purchase.'* With this one, you'll have to keep your wits about you and use a clever mix of intuition and context to decipher what you're hearing/reading.

One phrase that became − unfortunately − rather commonplace in our rented university house was **'wedi torri, sori!'** (*[it's] broken, sorry!*). I guess the rhyming and lighthearted sounds of the phrase were our attempt at cheering each other up when someone had broken someone else's mam's plate set.

One can form a noun as **TORIAD** which can suggest *'a break'*, *'a cutting'*, *'a fracture'*, *'a section'*, *'a breach'* et al. You'll also see words such as **'torcalonnus'** (*heart-breaking, heartrending*) which clearly includes **TORRI**.

BRAWDDEGAU ENGHREIFFTIOL
Sample Sentences

- **Dw i methu credu fod ti 'di <u>torri</u> nhw**
  = *I can't believe you've <u>broken</u> them*
- **Rhaid i mi drïo <u>torri</u>'r amser fyny**
  = *I'll have to try to <u>break</u> the time up*
- **Mi wnaeth hi <u>dorri</u> ei chalon hi, bechod**
  = *She <u>broke</u> her heart, bless her*
- **Mae'r chwaraewr newydd <u>dorri</u> llinyn y gar**
  = *The player's just <u>ripped</u> a hamstring*
- **Roedd yr ysgol yn <u>torri</u> am yr haf**
  = *The school was <u>breaking</u> (up) for summer*

CWESTIYNAU ENGHREIFFTIOL
Sample Questions

- **Ti'n meddwl neith o <u>dorri</u>'r record byd?**
  = *Do you think he'll <u>break</u> the world record?*
- **Pam 'sen nhw'n <u>torri</u>'r papur fel 'na?**
  = *Why would they <u>rip</u> the paper like that?*
- **Ti'n gw'bod pwy <u>dorrodd</u> hwnna?**
  = *Do you know who <u>broke</u> that?*

VERB TABLES: TORRI

	Present / Future	Simple past	Conditional / Past habitual
1st sing.	Torra(f) i *I('ll) cut*	Torrais i *I cut*	Torrwn i *I'd cut*
2nd sing.	Torri di *You('ll) cut*	Torraist ti *You cut*	Torret ti *You'd cut*
3rd sing.	Torrith ___ *___ ('ll) cut(s)*	Torrodd ___ *___ cut*	Torrai ___ *___ 'd cut*
1st plu.	Torrwn ni *We('ll) cut*	Torron ni *We cut*	Torren ni *We'd cut*
2nd plu.	Torrwch chi *You('ll) cut*	Torroch chi *You cut*	Torrech chi *You'd cut*
3rd plu.	Torran' nhw *They('ll) cut*	Torron nhw *They cut*	Torren nhw *They'd cut*
Impersonal	Torrir *___ cuts*	Torwyd *One cut*	Torrid *One'd cut*
Imperative	Inf. / Sing. **Torra**		Form. / Plu. **Torrwch**

Toraf i	*I('ll) cut/break/rip*
Thorrai hi ddim	*She wouldn't cut*
	She didn't use to cut
Dorroch chi?	*Did you cut?*

CACHU

- *to sh*t*

GWYBODAETH | *Information*

It wouldn't be a book by yours truly if there wasn't at least some reference to profanity. I've resisted the urge to include words like **FFWCIO** – I'll let your imagination decipher that one – and I've settled on good old *'sh*t'*! I offer no apologies for the example sentences and questions included. I simply hope you avoid its use when you come to write a review! As **CACHU** is the verb, it incorporates the act of *having* or *taking a sh*t* within its meaning.

CACHU can also be used as a noun – although it's sometimes written/said as **CACHIAD**. I've also heard it used as an adjective; **Mae hwnna'n gachu!** (= *That's sh*t!*). One may encounter the phrase **CAEL CACHIAD** (literally, *'have/ing a sh*t'*) rather than simply **CACHU** itself. **CACHU HWCH** literally translates as *'sow's sh*t'* but can equate to how English speakers might use *'for f*ck('s) sake.'* Also, a phrase I once heard in a pub in Yr Wyddgrug was **'cachu ci, cachu cath, cachu pawb, bron 'run fath'** which translates literally as *'dog's sh*t, cat's sh*t, everyone's sh*t, pretty much all the same thing.'* That one still makes me chuckle.

CACHLYD, although not 'officially' a word, can equate to the adjective form; something akin to *'sh*tty'* in English. It can be used in compounds such as **CACHGI** (literally *'a sh*t(ty) dog'*) meaning *'a coward'*.

BRAWDDEGAU ENGHREIFFTIOL
Sample Sentences

- **Dw i newydd <u>gachu</u>**
  = *I've just <u>(had a) sh*t</u>*
- **Mae o'n crynu fel ci'n <u>cachu</u>**
  = *He's shaking like a <u>sh*tting</u> dog*
- **Ro'n i'n <u>cachu</u> pan ddaru nhw ffonio**
  *I was <u>having a sh*t</u> when they phoned*
- **Gobeithio gei di <u>gachu</u>'n dda ar ôl hwnna**
  *Hopefully you'll get to <u>sh*t</u> well after that*
- **Bydd y ci'n <u>cachu</u> ar y carped cyn bo hir**
  = *The dog'll be <u>sh*tting</u> on the carpet soon*

CWESTIYNAU ENGHREIFFTIOL
Sample Questions

- **Pryd wnaeth o <u>gachu</u> d'wetha?**
  = *When did he <u>sh*t</u> last?*
- **Ddaru'r gath <u>gachu</u> ar y llawr ddoe?**
  *Did the cat <u>sh*t</u> on the floor yesterday*
- **Pam 'sech chi'n b'yta'r <u>cachu</u> 'na?**
  *Why would you eat that <u>sh*t</u>?*

VERB TABLES: CACHU

	Present / Future	Simple past	Conditional / Past habitual
1ˢᵗ sing.	Cacha(f) i *I('ll) sh*t*	Cachais i *I sh*t*	Cachwn i *I'd sh*t*
2ⁿᵈ sing.	Cachi di *You('ll) sh*t*	Cachaist ti *You sh*t*	Cachet ti *You'd sh*t*
3ʳᵈ sing.	Cachith ___ *___('ll) sh*t(s)*	Cachodd ___ *___ sh*t*	Cachai ___ *___'d sh*t*
1ˢᵗ plu.	Cachwn ni *We('ll) sh*t*	Cachon ni *We sh*t*	Cachen ni *We'd sh*t*
2ⁿᵈ plu.	Cachwch chi *You('ll) sh*t*	Cachoch chi *You sh*t*	Cachech chi *You'd sh*t*
3ʳᵈ plu.	Cachan' nhw *They('ll) sh*t*	Cachon nhw *They sh*t*	Cachen nhw *They'd sh*t*
Impersonal	Cachir *One sh*ts*	Cachwyd *One sh*t*	Cachid *One'd sh*t*
Imperative	Inf. / Sing. **Cacha**		Form. / Plu. **Cachwch**

Cachaf i	*I('ll) sh*t*
Chachai hi ddim	*She wouldn't sh*t*
	*She didn't used to sh*t*
Gachoch chi?	*Did you sh*t*

USING <u>PREPOSITIONS</u> WITH THE VERBS INCLUDED IN THIS BOOK

There's not a great deal you can say without prepositions. They're super useful and, for learners of any language, simply have to be learned. What makes learning different languages difficult for those starting out is that, although some match up with their English equivalents, many prepositions in Welsh just don't equate well (or simply aren't used in the same way as) in English.

With this in mind, I thought I'd give as many examples as possible of which prepositions link up with the terms herein and, more importantly, how they behave.

As a sidenote on prepositions, remember that the majority (excepting **YN** (= *in*) and a couple of others) cause a soft mutation on any following word and, rather unique to the Celtic languages, can become 'personalised' depending on who's involved in the sentence; e.g., **AM** (= *about, for, at (a time)*) > **AMDANA' I** (= *about me*), **AMDANAT TI** (= *about you*), **AMDANON/M NI** (= *about us*), etc.

1. **CAEL**
   i. **cael** ___ **am** = *to get* ___ *for*
   ii. **cael at** = *to get at*
   iii. **cael** ___ **gan** = *to get* ___ *from [someone]*
   iv. **cael** ___ **o** = *to get* ___ *from [somewhere]*
2. **BOD**
   i. **bod yn** = **to be [something]**
3. **GWNEUD**
   i. **gwneud** ___ **â/ag** = *to do/make* ___ *with*
   ii. **gwneud** ___ **dros** = *to do/make* ___ *for*
   iii. **gwneud heb** = *to do without*
   iv. **gwneud i** = *to do/make for*
4. **MYND**
   i. **mynd ar** = *to go on [something]*
   ii. **mynd at** = *to go to[wards]*
   iii. **mynd ati** = *to set about*
   iv. **mynd â/ag** = *to take*
   v. **mynd o** ___ **i** = *to go from* ___ *to*
   vi. **mynd trwy** = *to go through*
5. **DARFOD**
   i. **darfod am** = *to cease*
   ii. **darfod o** = *to cease from*
6. **GALLU**
   i. *N/A*

7. **PEIDIO**
   i. **peidio â/ag** = *to cease*
8. **DOD**
   i. **dod â/ag** ___ **at** = *to bring* ___ *to [someone]*
   ii. **dod am** = *to come for*
   iii. **dod at [e.g., fy hun, dy hun, etc]** = *to recover*
   iv. **dod dros** = *to get over*
   v. **dod heb** = *to come without*
   vi. **dod i** = *to come to [do something]*
   vii. **dod o** ___ **i** = *to come from [somewhere] to*
   viii. **dod o hyd i** = *to discover*
   ix. **dod trwy** = *to come though*
   x. **dod yn** = *to become*
9. **DYSGU**
   i. **dysgu am** = *to learn about*
   ii. **dysgu gan** = *to learn from*
   iii. **dysgu i** = *to learn to [do something]*
10. **TRÏO**
   i. **trïo am** = *to try for*
   ii. **ceisio am** ___ **gan** ___ = *to try for* ___ *from* ___
11. **YMARFER**
   i. **ymarfer [â/ag]** = *to practise*
   ii. **ymarfer am** = *to practise for*
   iii. **ymarfer dros** = *to practise for [e.g., a team]*

12. DARLLEN

    i. darllen am = *to read about*

    ii. darllen at = *to read for [a speciality]*

    iii. darllen dros = *to read over*

    iv. darllen i = *to read to*

    v. darllen o = *to read from*

    vi. darllen trwy = *to read through*

13. SGWENNU

    i. ysgrifennu ar = *to write on [physically]*

    ii. ysgrifennu am = *to write about*

    iii. ysgrifennu at = *to write to [someone]*

    iv. ysgrifennu i/er mwyn = *to write (in order) to*

14. SIARAD

    i. siarad â = *to speak/talk with*

    ii. siarad am = *to speak/talk about*

    iii. siarad ar = *to speak/talk on [i.e., a topic]*

    iv. siarad dros = *to speak/talk over [someone]*

    v. siarad o = *to speak/talk from [e.g., a phone]*

    vi. siarad wrth = *to speak/talk to [e.g., people]*

15. DWEUD

    i. dweud wrth ___ am = *to tell [someone] about*

    ii. dweud ar / o = *to tell of*

    iii. dweud dan = *to say under [one's breath]*

    iv. dweud dros = *to say/tell on [behalf of]*

16. **GOFYN**
    i. **gofyn am** = *to ask for*
    ii. **gofyn ___ gan** = *to ask ___ of/from*
    iii. **gofyn i** = *to ask [someone] to [do something]*
    iv. **gofyn dros** = *to ask on behalf of*

17. **EISIAU**
    i. *N/A*

18. **ANGEN**
    i. *N/A*

19. **GORFOD**
    i. **gorfod [i]** = *to have to*

20. **MEDDWL**
    i. **meddwl am** = *to think about*

21. **COFIO**
    i. **cofio am** = *to remember [about [something]]*
    ii. **cofio at** = *to remember to [someone]*

22. **HOFFI**
    i. *N/A*

23. **CARU**
    i. *N/A*

24. **GWYBOD / 'NABOD**
    i. **gwybod am/wrth** = *to know about*
    ii. **adnabod ___ am** = *to recognise ___ for*
    iii. **adnabod ___ trwy** = *to recognise ___ via*

25. **DEFNYDDIO**

    i. **defnyddio** ___ **at / i** = *to use* ___ *for*

26. **AROS**

    i. **aros am** = *to wait for*

    ii. **aros gyda** = *to stay with*

    iii. **aros i** = *to wait for [someone] to [do something]*

    iv. **aros o** ___ **i** = *to stay/wait from [time] to [time]*

    v. **aros yn** = *to stay in [definite place]*

    vi. **aros mewn** = *to stay in[side] (a)*

27. **STOPIO**

    i. **atal i = to stop/prevent [someone]**

    ii. **atal** ___ **oddi wrth** = *to stop* __ *from [someone]*

    iii. **atal** ___ **rhag** = *to stop* ___ *from [something]*

28. **GWEITHIO**

    i. **gweithio am** = *to work for [something]*

    ii. **gweithio ar** = *to work on [something]*

    iii. **gweithio** ___ **at** = *to work [one's way] to*

    iv. **gweithio dros** = *to work for [someone]*

    v. **gweithio gyda/efo** = *to work with*

    vi. **gweithio heb** = *to work without*

    vii. **gweithio i** = *to work for [someone]*

    viii. **gweithio mewn** = *to work in[side] a*

    ix. **gweithio o** = *to work from*

    x. **gweithio rhag** = *to work against*

29. DEALL

    i. deall ___ am = *to understand ___ about*

    ii. deall i = *to understand [that someone is doing]*

30. METHU

    i. methu â/ag = *to fail to [do something]*

    ii. methu ar = *to fail on*

    iii. methu gan = *to fail by [means of]*

    iv. methu o = *to fail from*

31. GWELD

    i. gweld o ___ i = *to see from ___ to*

    ii. gweld ___ ar = *to see ___ on*

    iii. gweld dros = *to see over/across*

    iv. gweld rhwng = *to see between [something(s)]*

32. GWYLIO

    i. gwylio am = *to watch for*

    ii. gwylio dros = *to watch over*

    iii. gwylio rhag = *to watch [intending to prevent]*

33. EDRYCH

    i. edrych am = *to look for*

    ii. edrych ar = *to look at*

    iii. edrych at = *to look at [___ for something]*

    iv. edrych dros = *to look over*

    v. edrych rhwng = *to look between*

    vi. edrych trwy = *to look through*

34. **MWYNHAU**

   i. *N/A*

35. **CASÁU**

   i. *N/A*

36. **HELPU**

   i. **helpu ___ i** = *to help ___ to*

   ii. **helpu ___ trwy** = *to help ___ by*

37. **FFEINDIO**

   i. *N/A*

38. **GWRANDO**

   i. **gwrando am** = *to listen [out] for*

   ii. **gwrando ar** = *to listen to*

39. **CLYWED**

   i. **clywed am** = *to hear about*

   ii. **clywed gan/oddi wrth** = *to hear from*

40. **CERDDED**

   i. **cerdded am** = *to walk to(wards) [somewhere]*

   ii. **cerdded o ___ i** = *to walk from ___ to*

41. **RHEDEG**

   i. **rhedeg am** = *to run for*

   ii. **rhedeg at** = *to run to(wards)*

   iii. **rhedeg i ___ o** = *to run to [somewhere] from*

   iv. **rhedeg oddi wrth** = *to run [away] from*

   v. **rhedeg rhag** = *to run from [being caught, etc]*

42. **CHWARAE**
   i. **chwarae â/ag** = *to play with [something]*
   ii. **chwarae dros / i** = *to play for [a team, club, etc]*

43. **TYNNU**
   i. **tynnu ___ allan o** = *to pull [something] out of*
   ii. **tynnu am** = *to get on for [i.e., time]*
   iii. **tynnu ar** = *to draw on [i.e., experience]*
   iv. **tynnu at** = *to attract*
   v. **tynnu ___ dan** = *to pull ___ under*
   vi. **tynnu i** = *to pull to(wards)*
   vii. **tynnu ___ oddi am** = *to undress*
   viii. **tynnu oddi wrth** = *to detract*

44. **CREU**
   i. **creu ___ i** = *to create ___ for [someone]*
   ii. **creu ___ am** = *to create ___ for [something]*

45. **GYRRU**
   i. **gyrru dros** = *to drive over*
   ii. **gyrru trwy** = *to drive through*
   iii. **gyrru (o) dan** = *to drive under*
   iv. **gyrru o ___ i** = *to drive from ___ to*

46. **CYSGU**
   i. **cysgu ar** = *to sleep on*
   ii. **cysgu gyda/efo** = *to sleep with*
   iii. **cysgu wrth** = *to sleep beside [something]*

47. BWYTA

    i. *N/A*

48. YFED

    i. **yfed ___ o** = *to drink ___ from*

49. NÔL

    i. **nôl ___ am** = *to fetch ___ for [something]*

    ii. **nôl ___ i** = *to fetch ___ for [someone]*

50. EISTEDD

    i. **eistedd am** = *to sit about/around [something]*

    ii. **eistedd â** = *to sit with [something]*

    iii. **eistedd ar** = *to sit on*

    iv. **eistedd gyda** = *to sit with [someone]*

    v. **eistedd i** = *to sit to [do something]*

    vi. **eistedd wrth** = *to sit next to/beside*

51. SEFYLL

    i. **sefyll am** = *to stand for [e.g., a cause]*

    ii. **sefyll ar** = *to stand on*

    iii. **sefyll dros** = *to stand for [i.e., politically]*

    iv. **sefyll i** = *to stand for [e.g., an anthem]*

52. ENNILL

    i. **ennill ar** = *to win on*

    ii. **ennill trwy** = *to win though/via/by means of*

    iii. **ennill ___ i** = *to win ___ for*

    iv. **ennill yn/mewn** = *to win in/at [something]*

53. COLLI
    i. colli ar = *to lose control of [something]*

54. DECHRAU
    i. dechrau am = *to start at [a time]*
    ii. dechrau ar = *to start on [doing something]*
    iii. dechrau gyda / heb = *to start with / without*

55. GORFFEN
    i. gorffen â = *to finish with [someone/something]*

56. AGOR
    i. agor am = *to open at [a time]*
    ii. agor ar = *to open on [someone]*
    iii. agor ___ i = *to open ___ to/for*

57. CAU
    i. cau am = *to close in on*
    ii. cau ar = *to close on*
    iii. cau ___ rhag = *to close ___ [out] from*

58. ATEB
    i. ateb dros = *to answer for [someone]*
    ii. ateb i = *to answer to*
    iii. ateb trwy = *to answer via/by*

59. CADW
    i. cadw am = *to keep [clothing] about [body part]*
    ii. cadw at = *to keep to*
    iii. cadw ___ dros = *to keep ___ for*

iv. **cadw i** = *to persist [in doing something]*

v. **cadw o** = *to stay away from*

vi. **cadw ___ o/rhag** = *to keep [away] from*

60. **ANFON**

i. **anfon am** = *to send for*

ii. **anfon ___ am** = *to send [something] about*

iii. **anfon ___ at** = *to send ___ to(wards)*

iv. **anfon ___ i** = *to send ___ to [somewhere]*

v. **anfon ___ dros** = *to send ___ on behalf of*

vi. **anfon ___ oddi wrth** = *to send ___ from*

vii. **anfon ___ o ___ i** = *to send ___ from ___ to*

viii. **anfon trwy** = *to send via*

61. **CYRRAEDD**

i. **cyrraedd am** = *to arrive at [a time]*

ii. **cyrraedd at** = *to reach [somewhere]*

62. **TROI**

i. **troi am** = *to head for*

ii. **troi ar** = *to turn on [someone]*

iii. **troi at** = *to turn to(wards) [somewhere]*

iv. **troi dros(odd)** = *to turn over*

v. **troi heibio** = *to lay out [a body]*

vi. **troi mewn** = *to turn in[to]*

vii. **troi o ___ i** = *to turn from [somewhere] to*

viii. **troi oddi wrth** = *to turn away from*

63. **DEWIS**
   i. **dewis ___ am** = *to choose ___ for [a reason]*
   ii. **dewis ___ i** = *to choose ___ to [do something]*
   iii. **dewis ___ i** = *to choose ___ for*
   iv. **dewis rhwng** = *to choose between*

64. **TEIMLO**
   i. **teimlo am** = *to feel about [something]*
   ii. **teimlo ar (fy nghalon)** = *to feel obliged [to]*
   iii. **teimlo dros** = *to feel for [someone/something]*

65. **CHWILIO**
   i. **chwilio am** = *to search for*
   ii. **chwilio dan** = *to search under*
   iii. **chwilio dros** = *to search over/across*
   iv. **chwilio i** = *to search for [e.g., a story]*
   v. **chwilio trwy** = *to search through*

66. **TORRI**
   i. **torri ar** = *to geld [an animal]*
   ii. **torri at** = *to cut to [somewhere]*
   iii. **torri i** = *to cut to [something]*
   iv. **torri oddi wrth** = *to cut [away] from*
   v. **torri rhwng** = *to cut between*
   vi. **torri trwy** = *to cut through*

67. **CACHU**
   i. **cachu ar** = *to sh*t on*

**Dilynwch Doctor
Cymraeg ar Drydar**
*Follow Doctor
Cymraeg on Twitter*

@CymraegDoctor

OTHER BOOKS BY STEPHEN OWEN RULE

WELSH WHILE YOU GET P*SSED
ISBN: 9798353362296

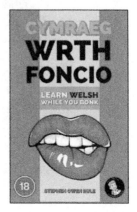

WELSH WHILE YOU BONK
ISBN: 9798422469628

CRACKING WELSH QUESTIONS
ISBN: 9798774777815

WELSH WITH A FRIEND
ISBN: 9798531490421

THE FORGOTTEN CIRCLE
ISBN: 979804158080

THE SUREXIT SECRET
ISBN: 9798711837435

SAVING CAERWYDDNO
ISBN: 9798717273046

GOP
ISBN: *Coming soon*

WELSH AND I
ISBN: 9798669438609

GEIRIADUR CYMRAEG-SESOTHO
ISBN: 9798717163989

CELTIC QUICK-FIX
ISBN: 9798585857645

HANDBOOK OF OLD WELSH
ISBN: 9798444225370

PARSNIPS AND OWLS
ISBN: 9798833259184

CORNISH WITH A FRIEND
ISBN: 9798354658381

PARSNIPS AND OWLS 2
ISBN: 9798833259184

CORNISH DIARY
ISBN: 9798544697275

Printed in Great Britain
by Amazon

44153202R00165